5G+
智慧教育
重塑未来教育新图景

王红军　段云峰◎编著

人民邮电出版社

北京

图书在版编目（CIP）数据

5G+智慧教育 ：重塑未来教育新图景 / 王红军，段云峰编著. -- 北京 ：人民邮电出版社，2022.7（2023.9重印）
（5G产业赋能丛书）
ISBN 978-7-115-58909-5

Ⅰ. ①5… Ⅱ. ①王… ②段… Ⅲ. ①第五代移动通信系统－应用－网络教育－研究 Ⅳ. ①G434

中国版本图书馆CIP数据核字(2022)第044928号

内 容 提 要

　　本书立足于全球智能教育领域的发展趋势与实践经验，全面阐述 5G、AI、大数据等新技术在教育领域的融合与创新应用，从 5G 智慧教育、场景落地、个性化学习和教育大数据 4 个维度，深度剖析 AI 技术在"教、学、管、评、练、测"等教育环节的落地路径，为读者描绘一幅"智能+"时代的未来教育新图景。

　　本书适合教育政策制定者、学校管理者、教师和相关技术人员阅读，也可以作为高等院校计算机、信息管理、教育学等相关专业的本科生、研究生教材，还适合对智慧教育感兴趣的读者阅读。

◆ 编　著　王红军　段云峰
　　责任编辑　王建军
　　责任印制　马振武

◆ 人民邮电出版社出版发行　　北京市丰台区成寿寺路 11 号
　　邮编　100164　电子邮件　315@ptpress.com.cn
　　网址　https://www.ptpress.com.cn
　　固安县铭成印刷有限公司印刷

◆ 开本：690×970　1/16
　　印张：10.75　　　　　　　2022 年 7 月第 1 版
　　字数：131 千字　　　　　　2023 年 9 月河北第 2 次印刷

定价：69.80 元

读者服务热线：(010)81055493　印装质量热线：(010)81055316
反盗版热线：(010)81055315
广告经营许可证：京东市监广登字 20170147 号

前言
Foreword

百年大计，教育为本。中国现代教育始于清末，至今不过百余年，却几经变革，最终形成了现代的教育体系。随着社会不断发展，社会对人才的要求不断提升，为了响应党和政府的号召"努力办好人民满意的教育，在加快推进教育现代化的新征程中培养担当民族复兴大任的时代新人"，必须加快推进教育改革，利用智能技术变革现代教育，加快推进教育信息化，开展智慧教育，培养全面发展的人才，满足未来社会发展的需求。

从智慧地球到智慧教育

从历史发展的角度来看，教育与科技始终相互作用、相互促进。教育作用于科技可以为科技发展提供人才支持，推动科技不断发展；科技作用于教育也会给教育行业带来一系列变革，智慧教育就是新一代信息技术作用于教育的产物。

2008 年，IBM 提出"智慧地球"的概念，希望利用新一代信息技术让地球上的人与物实现互联化、智能化。随着"智慧地球"的概念不断向各个领域延伸，智慧城市、智慧医疗、智慧交通、智慧教育、智慧课堂等概念相继诞生。

事实上，追根溯源，最早提及智慧教育的应该是加拿大艾伯塔大学的教育学教授马克斯·范梅南（Max van Manen），他在 2001 年出版的《教学机智——教育智慧的意蕴》一书中提出"教育智慧"这一理念，提倡要实现教学设计智慧、教学实践智慧、教学策略智慧、师生关系智慧化处理等，为课堂智慧化变革指明了方向。

但在这一阶段，智慧课堂依然强调教师对学生的引导作用，鼓励教师最大

■··

限度发挥"教学机智"，倡导将新技术、新产品融入教学。由此，科技成为推动传统教育变革的核心动力，智慧课堂成为智慧教育最直接的表现形式。

5G 掀起智慧教育变革

4G 改变生活，5G 改变社会。随着商业化部署不断加快，5G 将与各个产业实现深度融合，教育产业也不例外。从 1G 到 5G，短短几十年，在高速发展、持续迭代的移动通信网络的作用下，教育行业掀起了一场又一场改革的浪潮，"教"与"学"都发生了翻天覆地的变化。

1G 时代，广播电视大学在世界各地兴起；2G 时代，多媒体教学走进校园，丰富了教学手段，改变了传统的教学方式；3G 时代，随着智能手机的出现与应用，移动学习应运而生，远程教育初露头角；4G 时代，网络学习开始流行，各种学习资源变得触手可及。

4G 时代，随着各项基础设施不断完善，网络直播授课、微课、慕课等教学方式越来越多，无论是教师还是学生都开始期待出现新的教学手段。进入 5G 时代，在大数据、云虚拟现实（Virtual Reality，VR）等智能技术的辅助下，教师可以针对学生的具体情况设计个性化的培养方案，学生也可以根据自身情况开展个性化学习。5G、云 VR 等技术与教育行业的不断融合，将促进数字化和智能化转型，实现教育模式的根本性转变、整体性革命和全方位赋能。技术进步为教育的赋能将会改变教育的形态，能够提供更加多元的学习方式，更加情境化的教育场景，更加丰富的学习资源；将会改变教师的角色，教师更需要成为课堂教学的设计者，学生学习的参与者、指导者、评价者，成为学生的成长导师、学业规划师和心理疏导师。在技术支持的教育模式中，教育将更需要回归育人的本质，回归到立德树人的本质。面对技术发展与社会变革，需要教育者更好地把握教育中的"变与不变"，才能在变革中不迷失方向，才能让技术真正赋能教育的发展。

为了推动智慧教育尽快落地，从 2010 年开始，我国一些城市相继出台智慧教育发展规划，智慧教育发展成果初现。《中国教育现代化 2035》要求"利用现代技术加快推动人才培养模式改革，实现规模化教育与个性化培养的有机结合"。

本书导读

第一部分：5G 智慧教育。 教育变革离不开技术推动，作为新一代信息技术的重要支柱，5G 的大规模商用将为智慧教育的发展插上一双有力的翅膀。这一部分从 5G 赋能智慧教育、AI 驱动教育变革、教育创新、商业路径 4 个层面，说明 5G 时代的智慧教育生态、AI 教育的技术路径与实现方案以及科技创新对智慧教育的驱动，带领读者初步了解技术变革对教育发展的推动作用，对智慧教育形成初步认知。

第二部分：场景落地。 经过几年的实践，在政府、科技企业、学校的共同努力下，智慧教育的发展取得了初步成果，实现了应用落地。这一部分从智能教学、智能管理、智能测评、教育机器人 4 个层面切入，对智慧课堂、智慧校园、人工智能（Artificial Intelligence，AI）辅助教学、智能导师系统、自动化教育测评、教育机器人革命等方面进行全方位探究，通过丰富的案例让读者全面了解我国智慧教育的应用场景和应用现状，从中探索智慧教育未来的发展。

第三部分：个性化学习。 孔子提出"因材施教"的理念距今已有 2500 多年，在 5G、增强现实（Augmented Reality，AR）、AI 等新技术的助力下，因材施教、个性化学习和自适应学习有了实现的可能。这一部分从个性化学习的基本概念、实现路径与新技术支持下的个性化课堂以及 AI 重塑教育形态切入，结合具体案例深入探究个性化学习的基本架构与模式以及 AI、5G、AR 等技术对个性化学习的支持。

第四部分：教育大数据。 在 5G 时代，数据将成为各行各业的核心资产，教育行业也不例外。无论是因材施教、个性化学习，还是智慧课堂、智慧校园，都离不开教育大数据的支持。这一部分从国家、区域、学校、课程、个体 5 个层面分析教育大数据，深入探究教育大数据在教育管理、教学评价、智慧校园、智慧课堂等领域的应用，探究在"双减"背景下，技术对教育的支持作用，引导读者对教育大数据产生更深刻的思考。

目前，智慧教育尚处在起步阶段，虽然出现了很多应用，但大多数在试点阶段，未来不知会出现多少新应用、新实践。笔者将持续关注智慧教育这一领域，奉上更多佳作。本书从策划到成稿虽历经数月，几经修改，但难免有些许瑕疵，望读者批评指正。

作者

2022 年 4 月

目录
■ Contents

第一部分

5G 智慧教育

第1章 5G 新动能：通往智慧教育的基石

5G 赋能：从万物互联到万物智能

移动通信的发展已有几十年的时间，随着消费不断升级，互联网从 1G 模拟通信时代进入了 5G 数字通信时代，不仅重新定义了连接模式，还带动了产业的转型升级。

第五代移动通信技术（5th Generation Mobile Networks，5G）是移动通信技术发展到一定阶段的结果，可以给人类生活、整个社会带来巨大变革。随着由 5G 技术引领的物联网、VR/AR、智慧城市、自动驾驶等技术和应用不断发展和落地，人们的生活水平获得极大提升。

与 4G 相比，5G 对网络的传输速率、功耗、时延等都提出了更高的要求。基于此，由 5G 支撑的服务将提升至全新的水平，人类也将从万物互联时代迈入万物智能时代。

通信革命：构建智能世界的基石

早在 20 世纪 80 年代，人类就创造了 1G 技术，时至今日，4G 已经发展成熟并获得广泛应用，5G 也开始实现商业化应用。无线通信技术是构建智能世界的基础之一，它能实现人与人、设备与设备、人与设备之间的连通，打破数据困境"，消除"信息孤岛"，推动人类进入万物互联的智能时代。

万物互联可以推动工业和经济进一步发展，让人们获得更加智能的服务。美国发布的《2016—2045 年新兴科技趋势报告》显示，预计到 2045 年，连接在互联网上的设备可能突破 1000 亿台。这些设备主要包括移动通信设备、可穿戴设备、家用电器、医疗设备、工业探测器、监控摄像头、汽车等，甚至服装也能作为一种设备接入移动互联网。这些设备所创造的数据将为人类社会带来一场新的信息革命。

要实现全面互联的目标就要对网络提出更高的要求。需求是技术进步的动力，5G 网络具有高速率、低时延、抗干扰、低功耗、海量设备连接等特点，可以实现人与人、设备与设备、人与设备之间的互通互联，为世界带来颠覆性的变化。

🖳 5G新动能：人类社会的革命性变革

国际标准化组织 3GPP 将 5G 应用场景划分为 3 个方面，分别为增强型移动宽带（enhance Mobile Broadband，eMBB）、海量机器类通信（Massive Machine Type Communication，mMTC）和低时延高可靠通信（Ultra-reliable and Low-Latency Communication，uRLLC）。其中，eMBB 是指大流量移动宽带业务，例如 3D/ 超高清视频、超高速移动通信、VR/AR、云游戏、云办公、高清语音等；mMTC 是指大规模物联网业务，例如智慧城市、智能交通、智能家居、M2M 等；uRLLC 是指高可靠低时延业务，例如无人驾驶、工业自动化、移动医疗、高可靠应用等。这三大应用场景覆盖了人们工作和生活的方方面面。5G 三大应用场景如图 1-1 所示。

1. eMBB：增强型移动宽带

eMBB 是对常见移动宽带应用场景的升级，可以进一步提升用户体验。5G 能大幅度提升网络速率，这也是它在此方面为用户带来的最直观的体验，5G 网络的理论峰值传输速率可达 20Gbit/s，支持 4k 甚至 8k 超高清信号的传输。目前，高清视频是移动通信的主要业务，在 5G 网络的支持下，大流量媒体必将实现快速增长，从而为人们的生活带来巨大的影响。

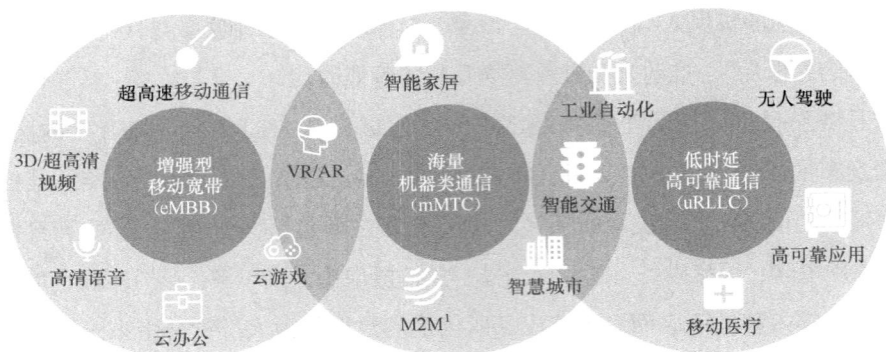

注：1. M2M：Machine to Machine /Man，是一种以机器终端智能交互为核心的、网络化的应用与服务。

图 1-1　5G 三大应用场景

2. mMTC：海量机器类通信

mMTC 主要应用于大规模物联网，频段在 6GHz 以下，主要代表是窄带物联网（Narrow Band Internet of Things，NB-IoT）、Wi-Fi、ZigBee 和蓝牙等原本是应用于家庭场景的小规模无线连接技术，主要基于长期演进（Long Term Evolution，LTE）实现回传。随着 NB-IoT、LoRa 等技术标准的普及应用，这些无线连接技术的应用将更加广泛，物联网的规模也会随之扩大。

5G 具有低功耗、低时延、高可靠等特点，可大规模应用于物联网业务。传统移动通信的连接能力有限，无法很好地支撑海量物联网通信和垂直行业应用，而 5G 可以很好地解决这一问题。低功耗、大规模物联网通信可以支持智慧城市、环境监测、智能农业和森林防火等应用场景，这些应用场景主要以传感和数据收集为目标，而基于 5G 技术的海量物联网通信具有数据包小、功耗低、连接量大等特点，可以很好地完成这些应用场景的通信任务。mMTC 终端覆盖范围广、承载能力强，拥有超千亿级连接能力，每平方千米可以连接 100 万台设备，而且能够实现超低功耗与成本。

3. uRLLC：低时延高可靠通信

uRLLC 的特点是高可靠、低时延，主要应用场景包括工业应用和控制、交通安全和控制、远程制造、远程培训、远程手术等，特别是在无人驾驶和安防方面具有巨大的潜力。

工业自动化控制的网络时延一般不超过 10ms，无人驾驶对传输时延的要求甚至低至1ms,4G 网络很难满足这一需求。除了对网络时延有较高要求，工业自动化控制、自动驾驶等对网络的安全性和可靠性也有较高要求，这些要求需要通过 5G 网络才能得到满足。

智能科技：从万物互联到万物智能

物联网是万物互联的基础，5G 则可以推动万物互联实现进一步的发展。中国经济信息社发布的《2018—2019 中国物联网发展年度报告》指出，我国对物联网发展的政策支持力度不断加大，并明确了我国物联网的应用领域和产业规模。在国家政策的引导和支持下，我国物联网技术取得了巨大进步，人们正走向万物互联时代。

在万物互联时代，信息加速融合与联动，并通过物联网实现广泛传播。信息变革对人类行为产生了重要影响，打破了不同维度下的信息边界，使知识更具有时空性。第四次工业革命为人类文明开启了一个新时代，5G、人工智能等新一代信息技术不断获得发展机遇。

物联网要想获得发展必须以 5G 为基础，要想获得更广泛的应用则需要获得人工智能技术的支持。人工智能技术是开启万物智能时代的钥匙。它的发展覆盖人类生活的方方面面，包括医疗、交通、教育、商业、信息安全等诸多领域。

5G、人工智能、云计算等新一代信息技术让机器拥有了"自主思考"的能力，让不同的应用之间不再有边界的束缚，同时也将万物互联时代推向了万物智能时代。

AI 奇点：超级智能社会的来临

美国作家卢克·多梅尔（Luke Dormehl）在《人工智能：改变世界，重建未来》一书中提出了"奇点"的概念，奇点是指机器在智能方面超过人类的那个点。奇点大学创始人曾说:奇点是指一项技术在成熟之前，都在缓慢潜伏发展，一旦技术水平、市场环境成熟，发展速度将立刻变成一条指数级增长上升的曲线，而这个转折就是奇点时刻。"

2016年3月，AlphaGo以4∶1的大比分战胜了围棋世界冠军李世石，让人们真切地感受到AI时代的到来，由此拉开了人工智能高速发展的序幕。近几年，人工智能不断取得突破性进展，在多个领域（例如，语音识别、图像处理、自动翻译、自动驾驶等）都取得了不俗的成就。5G、大数据、云计算等技术的快速发展正加速将人类引入智能时代。

在智能时代，教育领域将迎来变革。教育管理者、研究者和实践者希望借助新一代信息技术实现智能化教学、个性化自适应学习、教育的科学决策和管理等功能。在社会各界的共同努力下，人工智能技术开始走进教育领域，并取得了一定的成就，例如，很多大中小学已经开始将人工智能设备引入教学场景，这不仅减轻了教师的教学负担，也为学生的学习提供了便利。

不过，新技术向教育领域的渗透也引来了不少质疑，人们不禁会问：人工智能凭什么能改变教育模式呢？为了弄清这个问题，我们需要从人工智能的起源说起。下面我们对人工智能的起源概念、技术演变、核心驱动力等方面进行总体分析，帮助人们更好地理解人工智能所具备的特殊优势。

人工智能的起源与概念

1950年，后来被西方誉为计算机科学之父的艾伦·麦席森·图灵（Alan Mathison Turing）提出了一个设想——机器真的能思考吗？这其实就是人工智能思想的最早起源。不过，人工智能的概念此时还没有被真正提出，直到1956年，在达特茅斯会议上，约翰·麦卡锡（John McCarthy）、马文·明斯基（Marvin Lee Minsky）、克劳德·艾尔伍德·香农（Claude Elwood Shannon）和N.罗切斯特（N. Rochester）4位学者首次提出了"人工智能"的概念。

中国工程院院士、人工智能研究专家李德毅教授对人工智能的定义是：探究人类智能活动的机理和规律，构造受人脑启发的人工智能体，研究如何让智能体去完成以往需要人的智力才能胜任的工作，形成模拟人类智能行为的基本理论、方法和技术，所构建的机器人或者智能系统，使之能够像人类一样思考和行动，并进一步提升人的智能。"

人工智能的三次浪潮

根据不同的发展阶段，人工智能的发展大约经历了三次浪潮。

1. 第一次 AI 浪潮（20 世纪 50—60 年代）

1950 年，艾伦·麦席森·图灵（Alan Mathison Turing）发表论文《计算机械和智能》（*Computing Machinery and Intelligence*）。这篇论文论述了人工智能的真正含义，并提到了一个著名的实验——"图灵测试"；这篇论文的发表标志着第一次 AI 浪潮正式开启。

在此期间，科学家们陆续设计的一些人工智能程序算法，有力地证明了很多数学定理，为数学理论的证明做出了突破性贡献。

20 世纪 70 年代中后期，人们对人工智能的热情开始消退，这是因为人工智能所能解决的问题都比较简单，远不能满足人们的期望。所以，此后几年，人工智能的研究进入了低潮期。

2. 第二次 AI 浪潮（20 世纪 80—90 年代）

1982 年，美国科学家约翰·霍普菲尔德（John Hopfield）提出了 Hopfield 神经网络模型，标志着第二次 AI 浪潮的到来。当时，人工智能所涉及的常见领域包括语音识别、语言翻译等。在这一时期，神经网络受到计算能力和算法策略的限制，还不能担任人工智能的角色，但是符号推理方法却得到了持续发展和应用，机器学习方法基于统计推理也获得了较好的发展，并取得了不错的成果。

这一时期最大的特点是在各个领域涌现出一批实用的专家系统，例如，1997 年 5 月 11 日，美国国际商业机器公司（IBM）研制的并行计算机——"深蓝"战胜了国际象棋世界冠军加里·卡斯帕罗夫（Garry Kasparov）。然而，这时的人工智能距离人们的实际生活依然很遥远。2000 年左右，人工智能的浪潮再一次退去。

3. 第三次 AI 浪潮（2006 年至今）

图灵奖获得者杰弗里·欣顿（Geoffrey Hinton）于 2006 年提出了深度置信

网络（Deep Belief Network，DBN）为深度神经网络的优化问题提供了解决方案。深度神经网络是人工智能深度学习的基础。

人工智能的深度学习之所以成为可能，取决于多种条件的支撑，例如，深度学习技术的发展、计算机运算速度的提升、分布式并行图形处理器（Graphics Processing Unit，GPU）的采用、互联网海量数据的积累等。

人工智能崛起的三大基石

从人工智能的发展历程来看，运算力、数据量、算法模型是 3 个核心要素。人工智能应用实现之前要先赋予机器一定的推理能力，然后机器才能做出合理的行为。这种推理能力不是凭空产生的，它来源于大量的应用场景数据。利用数据对算法模型进行训练，然后机器才能在算法的指导下做出类人的判断、决策与行为。

一直以来，人工智能都在完善自身的理论与方法，寻找外部动力，并在这个过程中实现了螺旋式上升发展。在大数据、云计算、深度学习三大技术的驱动下，人工智能应用走出实验室，进入真实的应用场景，人工智能的发展取得了突破性进展。大数据、云计算与深度学习的关系如图 1-2 所示。

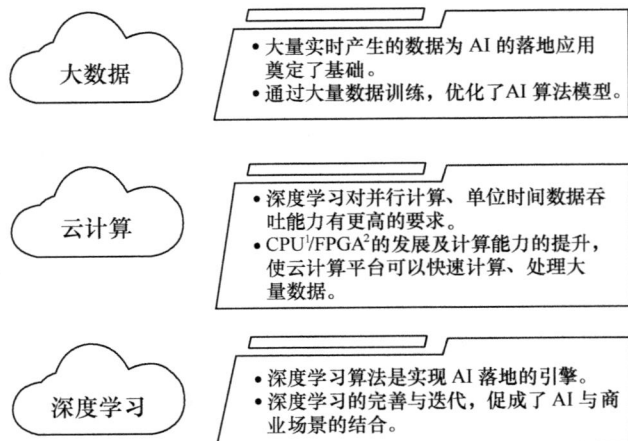

注：1.CPU：Central Processing Unit，中央处理器。
　　2.FPGA：Field Programmable Gate Array，现场可编程门阵列。

图 1-2　大数据、云计算与深度学习的关系

1.大数据：为 AI 应用奠定数据源基础

应用场景数据是人工智能的基础。只有利用丰富的数据才能做好算法模型训练，数据的数量、规模和质量是保证算法模型训练效果的关键。

随着移动互联网、物联网的迅猛发展，多样化的智能终端不断普及，各种互联网应用持续增加，大数据实现了迅猛发展。在大数据处理技术的作用下，人工智能训练数据集的质量大幅提升，经过标注的数据可以实现优化存储与管理。所以，人们将数据视为机器智能的源泉。在大数据的推动下，机器学习等技术实现了进一步的发展，其潜力在智能服务的应用中得以充分释放。

2.云计算：为 AI 提供强大的算力支撑

在人工智能发展的过程中，最大的制约因素就是有限的运算能力。自电子计算机出现以来，机器的运算处理能力不断提升，有效支持与助力人工智能的发展。

云计算在虚拟化、动态易扩展的资源管理方面呈现出较大的优势，GPU 等人工智能专用芯片的出现从软件层面与硬件层面为人工智能在大规模、高性能并行运算方面奠定了坚实的基础，大幅提高了数据处理能力与速度，提升了算法执行效率与识别准确率。

3.深度学习：引领 AI 算法的发展方向

对于人工智能来说，数据与硬件是基础，算法是核心。在人工智能发展历程中有两个非常重要的转折点：一是研究方法从符号主义转向统计模型，为人工智能的发展提供了一条新路径；二是深度学习颠覆了其他算法设计思路，突破了人工智能算法的瓶颈。

深度学习是指深度网络学习，由一组单元构成。数据输入某一个单元之后，该单元通过数据分析得出结果并输出，输出值被传递到下游神经元。深度学习网络的层次往往很多，而且每一层都使用大量单元来识别数据中隐藏的模式。在深度学习的辅助下，程序员可以从模型构建这一烦琐的工作中解脱出来。而且，深度学习可以为其提供一种更优化、更智能的算法，借助海量数据实现自我学习，自动调整规则参数，优化规则与模型，大幅提升识别准确率。目前，对于机器学习来说，自我学习已经成为一种主流方法。

5G 时代的智慧教育新生态

新一代信息技术加速迭代，越来越多的网络教学方式得到广泛应用，例如，慕课（Massive Open Online Course，MOOC）、私播课（Small Private Online Course，SPOC）等，随之发展的还有智能导师系统（Intelligent Tutoring System，ITS）、计算机辅助教学系统等。2020 年，受新型冠状病毒肺炎疫情的影响，学校纷纷延期开学。而在教育部下达"停课不停学"的通知后，在线教育迅速被广大家长接受，引爆了网络教育的需求热潮。在这种趋势下，学生们逐渐养成了线上学习的习惯，互联网教育也得以迅速发展。

5G 网络拥有 10Gbit/s 级别的高速率、1 ～ 30ms 级别的低时延和千亿连接级别的连接能力，随着其基础设施的建立，5G 将凭借自身技术优势成为推动教育信息化的新引擎。在 5G 的加持下，教育工作者将不断创新教学方法，构建智慧教育新生态。

5G赋能：实现优质均衡，推进教育公平

5G 网络具有高速率、大容量、低时延、低功耗等特点，是智慧教育发展的重要基础，它不仅能帮助人们解决教育资源分配不均的问题，同时还能为教育普遍服务提供全新的解决方案。

5G 网络可融合传统 3G/4G、宽带、Wi-Fi 等网络，统一网络承载，形成泛在基础网络，帮助贫困地区的学校降低内部网络部署成本。

5G 能实现大带宽、低时延的网络连接，帮助终端设备更好地实现边缘计算，让智慧课堂中的终端设备处在感知层、用户层、资源层等不同层面，将智慧教育推广到偏远地区，从而促进教育公平。例如，中国移动通信集团河北有限公司利用 5G 网络和 VR/AR 技术将河北师范大学 AR 实验室的科普教学远程实时传送到蔚县南留庄中学，以互动教学和全息课堂的形式支撑起农村地区的智慧教育。

5G 能为大数据中心、云平台等提供高效的数据传输和分析服务，基于此，智慧教育一方面能智能分析学生的学习情况，另一方面能可视化管理学生的行为。

5G+智慧教育：重构教育新生态

受新型冠状病毒肺炎疫情的影响，5G 将大大提升人们对传统远程教育的体验，同时也能促进其应用创新。为减轻新型冠状病毒肺炎疫情对教育的影响，世界各国积极加强远程教育教学实践，努力提升远程教育的市场接受度和渗透率，竭力将远程教育打造成面授教育之外的最佳教育形式。

学生复学之后，为了加强校园的安全管理，基于 5G 网络的校园智能视频监控获得大规模应用。对于学校来说，在新型冠状病毒肺炎疫情期间，保障师生健康和校园财产安全是当务之急，而热成像技术、高清视频监控、人脸识别等技术可以很好地解决这一问题。在 5G 网络的助力下，学校可以利用这些技术快速完成对学生和教师的测温工作，实时监控在校人员的体温数据，大大提升应急响应速度。

在疫情防控常态化后，校园安防在 5G 技术的支持下逐渐进入智能安防时代。

- 5G 网络拥有超大带宽传输能力，可以实现 4K/8K 视频的传输分享；同时借助搭载于边缘服务器的 AI 视频分析技术，将监控视频和响应数据实时传送至学校的云平台，帮助学校和教育主管部门建立起新型冠状病毒肺炎疫情防线。
- 推动 5G 网络、数据中心等基础设施建设，可以极大地降低学校网络布线成本、维护成本和数据存储成本，带动学校安防变革，形成集智能感知、高效联动、精准指挥等功能于一体的新型视频安防模式。

智慧课堂：打造沉浸式教学体验

5G 网络能将智慧课堂的教学画面从二维提升至三维，甚至能带动整个 VR 行业的进一步发展。5G 网络具有超大带宽承载能力，借助这一能力，设计者可以将 VR 的运行、渲染、计算等工作移至云端，将 VR 画面和声音实时传输至终端，从而减轻 VR 设备的重量，缓解学生佩戴 VR 设备时的沉重感；同时，可以借助边缘云部署架构进一步提升网络的传输速率，增强学生对知识的立体感知。

传统在线课堂教学的互动能力是有限的，而 5G 智慧课堂能够对这一能力进行全面革新。传统在线课堂主要采用有线网络、Wi-Fi、ZigBee、NB-IoT 等网络承载，而新一代智慧课堂将采用高速率、高可靠、低时延、高安全的 5G 网络承载，并能实现软硬件模块的高效匹配。

在授课的过程中，教育工作者可以借助搭载 5G 网络的交互智能平板计算机、智能学习笔等智能终端设备实时采集学生的学习数据，掌握学生理解知识的程度。由于 5G 网络具有高速率、低时延、高可靠等特性，所以可以保证数据采集和传输的实时性、稳定性和可靠性，给师生带来更加流畅的数据服务体验。

5G MEC×AI：驱动教育信息化 2.0

2018 年 4 月，教育部印发《教育信息化 2.0 行动计划》，要求以人工智能等新兴技术为基础，依托各类智能设备及网络，积极开展智慧教育创新研究和示范，推动新技术支持下教育的模式变革和生态重构。

2020 年 3 月 11 日，国家发展和改革委办公厅与工业和信息化部办公厅联合印发《关于组织实施 2020 年新型基础设施建设工程（宽带网络和 5G 领域）的通知》，将重点支持包括 "5G+ 智慧教育应用示范" 在内的七大领域。

由此可见，我国正积极通过政策大力推动教育信息化发展。随着 5G、AI、云计算等产业日益成熟，这些技术将加速赋能智慧教育。其中，"5G+AI" 技术不仅能提升教育治理水平，还能为教育供给模式的升级提供助力。

5G+MEC构建校园专网、专属云服务

2013 年，人们第一次提出了移动边缘计算（Mobile Edge Computing，MEC）

这一概念。由于 5G 业务需要具备大带宽、低时延等特点，所以对网络接入提出了新要求：一是在 eMBB 场景下，超大流量接入需要内容的本地化；二是在低时延业务场景下，核心网络需要部署在网络边缘。5G 网络要满足不同的网络需求，就需要将网络功能和业务尽量转移到网络边缘以减少中间层级，而移动边缘计算技术可以有效解决这一难题。

目前，在智慧教育领域，5G 结合 MEC 对教育行业产生了以下 3 个方面的影响。

一是利用 5G 增强移动宽带、4K/8K 超高清视频、AR/VR、人工智能等技术，可以实现远程直播、在线点播和异地教学，使海量优质的教育课程资源均衡分配，同时助力解决教育扶贫问题。

二是将 5G 网络与 MEC 相结合可以为学校提供专网和专属云服务，保障校园数据信息的安全，帮助校园解决局域网负载过重、升级维护难等问题。利用 5G 在校园部署专网具有以下 4 点好处：一是可以提供极速网络，二是可以不通过公网进行本地数据分流，三是可以实现移动全覆盖，四是不需要专人值守。专属云具有两大优势：一是安全可靠，二是好用省钱。基于 5G+MEC 的校园专网、专属云建设如图 1-3 所示。

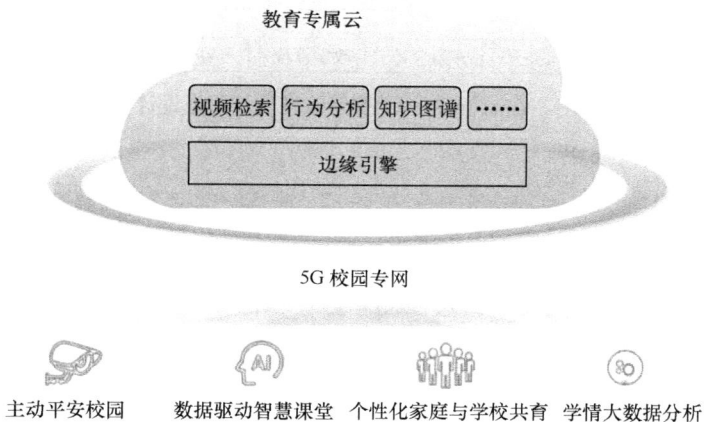

图 1-3　基于 5G+MEC 的校园专网、专属云建设

三是 5G 网络可以触达光纤网络无法触达的地方，全方位覆盖校园，实现校

内数据的无缝采集；同时还能将所有校园数据汇聚到专属 MEC 中，避免产生"数据孤岛"。5G 网络与 AI 技术同时应用于智慧教育，可以赋予校园教育一个完整且强大的 AI 大脑。

"5G+AI"智慧教育三大应用场景

将 5G 专用网络、云计算、大数据、区块链、AI 视频、语音识别等技术融合应用于智慧教育，打造完整的智慧教育总体框架。"5G+AI"智慧教育应用顶层设计如图 1-4 所示。

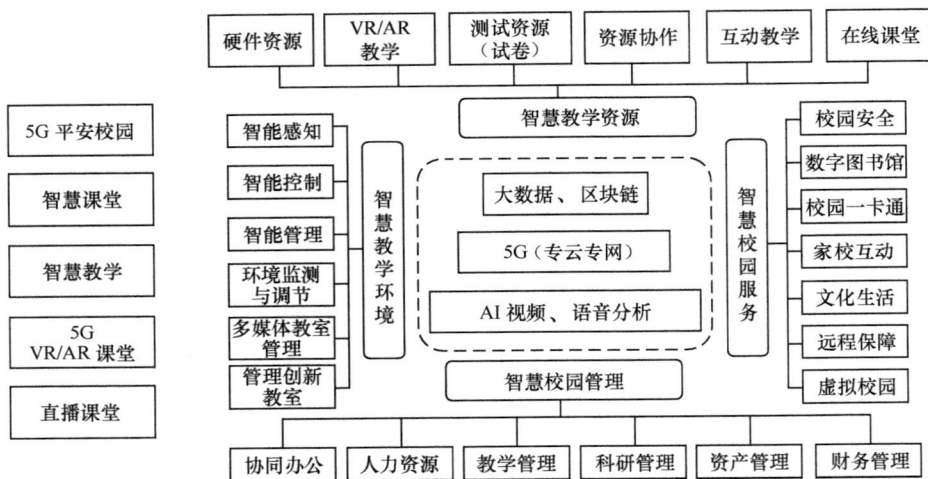

图 1-4 "5G+AI"智慧教育应用顶层设计

1. 升级校园安防系统

目前，大多数学校的监控系统显得被动、滞后，远远不能胜任校园安防工作，而 5G 网络能够改变传统校园安防的这一现状。将人工智能芯片装载在校园内的摄像头上，让 AI 算力在网络边缘侧承担计算任务。这样一来，校园内的摄像头不需要将采集到的视频数据传至云端就能完成初始分析工作，从而减少视频分析的时延。

这种做法相当于利用计算机取代人工来进行监控分析，实时监督校园中的各种行为，一旦摄像头捕捉到可疑画面，人工智能就能立即识别出安全隐患，并立刻向安保人员报警。这种安保的升级主要有两个方面的原因：一是有赖于AI 视频分析技术的应用，该技术可以实时监控和智能识别校园中的各种视频；二是有赖于 5G 网络和边缘计算的支持，其中 5G 网络可以提供高速率、低时延、高可靠的网络支持，边缘计算可以提供局部存储和计算的支持。

2. 重构课堂教学管理

在全国范围内，每天都能产生上亿小时的教学课时，而其中绝大部分教学数据无法得到有效的利用，这主要有两个方面的原因：一是教育数据主要以视频为主，结构化数据采集难度较大、成本较高；二是教学数据采集不够全面，特别是采集不到一些关键的教学数据，利用传统方法无法准确描述课堂教学的过程。

如果将 5G 与 AI 技术应用于课堂教学，就可以分析学生在课堂上的专注力变化、情绪变化、课堂行为、坐姿、视力疲劳、活跃程度等情况，生成有价值的数据，为教师提供可靠的辅助教学。与此同时，学校也可以借助这些技术梳理和提炼教学知识点，留存课堂板书，剪辑、存储和分享课堂视频等，从而积累更多的课堂教学资源。

其中，AI 技术可用于学生头部姿态估计、基础教育知识图谱生成、学生课堂情感计算等方面，帮助教师解决课堂教学分析和教学资源积累等问题。5G 网络可以打通课堂教学的传输链路，丰富教学数据入口，帮助学校建立数据资源库。无疑，在大数据的驱动下，在 5G、AI 等技术的支持下，学校教育将在管理、决策和教学等方面迎来一系列变革。

3. 构建家校共育的信息基础

要实现家校共育，就需要实现家庭和学校之间的信息共享。但在实际操作中是很难完成的，因为家庭和学校之间总会存在信息隔阂。

一方面，教师的精力是有限的，无法及时向家长反馈孩子在学校的所有表现，一般只能通过周报或月报的形式向家长分享孩子的在校信息，如果强行让教师加强与家长的交流，就会增加他们的工作负担；另一方面，教师向家长反馈的内容主要基于其主观判断和教学经验，很少存在客观的数据记录。

5G 网络与 AI 技术在教育中的应用可以解决家校共育的信息隔阂问题。5G

网络可以为学校教育提供数据传输的入口和通道，实现学生数据的快速采集和整合。而利用 AI 技术可以分析学生的课堂专注力、学科兴趣、近视风险等情况，并生成个性化的分析报告，让每位家长都能了解自己孩子的在校情况。未来的教育应该从教育的根本和需求出发，将 5G 网络、AI 算力与教育场景进行深度融合，整合并优化全产业链资源，从而实现真正的智慧教育。

第 2 章 智能 + 教育：AI 驱动教育新浪潮

一场"教育和技术的赛跑"

随着移动互联网的迅猛发展，计算机的运作能力大幅提升，人工智能取得了前所未有的成绩，从各个层面对人类的生活方式、生产方式产生了影响。教育是人类生产与生活的核心领域之一，自然要利用人工智能完成蜕变，迈进一个全新的发展阶段。而教育如何适应智能时代的要求，教学模式、教学方法如何利用人工智能技术进行变革，创新型人才如何培养，已经成为世界各国教育行业亟须解决的重大问题。

随着 5G 的发展，边缘计算及云计算能力，可以推动人工智能技术的发展，促进人工智能在教育领域的应用和突破。

"教育和技术的赛跑"

教育和技术之间有什么关系呢？哈佛大学经济学家劳伦斯·卡茨（Lawrence Katz）在深入研究了美国教育的发展历程后，给出了这样的答案——教育和技术之间永远在进行着一场竞赛。

在 20 世纪 80 年代以前，美国是率先实现高中教育普及和高等教育大众化的国家。

教育的进步与技术的进步相适应，共同推动着社会的变革，不断提升美国整体国民的收入水平，不断缩小贫富之间的差距。

不过，从1980年开始，情况发生了变化。美国的技术依旧进步，社会对高素质人才的需求也日益增长，但是在这个时候，人才培养的速度却难以适应社会发展的需要。

人们将这一现象称为"教育和技术的赛跑"。当教育的发展速度超过技术的发展速度时，经济增长就会加快，这是因为教育高速发展可以带来人才红利。如果教育的发展速度低于技术的发展速度，就会导致人才短缺，经济社会的发展就会失衡。

在人工智能的第三次浪潮中，技术创新不断涌现，技术的发展进入活跃期。而教育的发展水平显得落后，且仍没有摆脱"工业化"的印记。面对这个机遇与挑战共存的时代，我国的教育体制亟须深化改革，将"工业化教育"转型为"智慧型教育"，要努力培养更多的高质量人才，为社会经济的发展提供人才支持。

🎓 AI教育的五大典型特征

AI系统通过对知识的表现、计算与理解，能够模拟教师开展个性化教学；可以利用"问题空间"[1]理论，对知识、技能进行自动化测量与评价；利用自然语言处理技术与语音识别技术，为文本和口语语音存在的词法分析、语法判别、语义理解等问题提供有效的解决方案；教育机构引入机器人教学手段，利用教育游戏，赋予"寓教于乐"这种教学方法新内涵。

具体而言，AI教育模式具有以下五大典型特征。AI教育的典型特征如图2-1所示。

1. 智能化

智能化是教育信息化的一大发展趋势。数据蕴藏的价值极其丰富，在知识表示和推理的基础上构建算法模型，辅之以高性能的并行运算，使数据蕴藏的价值和能量得以充分释放。未来，教育领域将出现越来越多的智能工具支持

---

[1] "问题空间"是科学家艾伦·纽厄尔（Allen Newell）和赫伯特·西蒙（Herbert Simon）在研究人类解决问题的现象时使用的概念。他们认为，研究人类解决问题的现象，不仅要考察被试者实际的、外显的行为，也要考察其头脑中内隐的行为，这种内部行为即"问题空间"。

"教"和"学"。通过智慧教学，学生将获得全新的学习体验。在人工智能环境下，在线学习环境将全面融入生活场景，将大幅提升人机互动的便捷性、智能性，泛在学习、终身学习将成为常态。

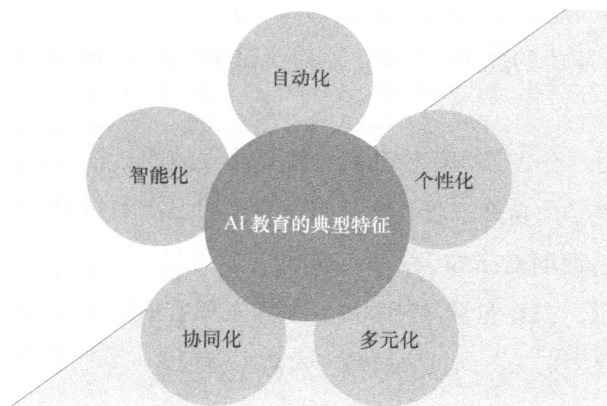

图 2-1　AI 教育的典型特征

2. 自动化

在记忆、推理、逻辑运算等程序化工作方面，在目标确定的事务处理方面，人工智能更有优势。对于目标不明确、主观性较强的事务，人更有优势。具体到教育教学领域，数学、物理、化学等理科科目，因为评价标准客观且容易被量化，可以非常容易地使用自动化测评，但语文、英语等文科科目，因为评价标准不统一，所以用自动化测评比较困难。

随着自然语言处理、文本挖掘等技术不断演进，短文本类主观题的自动化测评将逐渐成熟，在大规模考试中得以广泛应用。届时，教师可以从繁重的阅卷工作中解脱出来，全身心地投入教学工作。

3. 个性化

基于学生数据库（该数据库涵盖学生的个人信息、学习记录、媒体社交信息、位置信息、认知特征等）人工智能可以创建学生模型，从不断更新的数据中优化调整学生模型参数，面向学生的个性化需求为其推送个性化的学习资源、学习服务与学习路径，这种个性化具有客观、量化等特征。

4.多元化

人工智能跨越了多个学科，未来的教学内容要根据其发展需要进行调整。例如，我国出台了一系列文件鼓励高校加强人工智能专业教育，形成"人工智能＋X"的专业人才培养模式。从人才培养的角度来看，进入人工智能教育时代之后，学校要加强培养学生的多元化能力，从而促使学生实现综合发展。

5.协同化

从短期来看，在人工智能推动教育智能化发展的过程中，人机协同是一大趋势。从学习科学的角度来看，学习是学生利用已有的知识对新知识进行理解与构建的过程。而面对新知识，人工智能无法主动理解，需要教师做好协同、协助工作。所以，在智能学习环境中，教师发挥着极其重要的协调作用。对于人工智能辅助教学来说，人机协同是一大典型特征。

席卷全球的"智能＋教育"革命

目前，在我国教育政策的支持下，以及在社会机构、相关企业、学校的共同努力下，我国的教育改革取得了不错的成绩，但也遇到了一些问题。例如，教育发展失衡，东部地区教育水平较高、中西部地区的教育水平比较落后，城市教育发达、农村地区教育落后等；人才培养模式不完善，无法更好地培养能够适应人工智能时代的创新型人才等。

为了解决这些问题，业内人士将目光转向了人工智能领域，希望利用人工智能技术颠覆传统的教育教学模式，优化人才培养方案，培养学生的专业技能，帮助学生构建终身学习体系，推动教育变革与发展。

"智能+教育"的起源、演变与发展

一直以来，人们都认为人工智能是近几年才应用于教育行业的，实则不然。早在20世纪20年代，美国心理学家西德尼·普雷西（Sidney Pressey）就设计了几

种可以自动测试学生智力的机器来辅助学生学习，让学生了解自己的学习情况，按照自己的节奏学习，还可以在学习结束后及时得到反馈。

1985 年，心理学家伯勒斯·弗雷德里克·斯金纳（Burrhus Frederic Skinner）在《科学》杂志上发表了一篇文章，名为《教学机器》，就人工智能在教育领域的应用发表了自己的观点。斯金纳认为，人类应该发明一些机器来承担部分教学工作以辅助教学，让教师有更多的时间与学生沟通，不要让学生成为被动的知识与技能的接收者。

这两个事例证明，心理学家早已认识到人工智能对教育的重要性，但因为那个时代，人工智能的发展还不成熟，机器教学没有被推广开来。这一点虽然令人惋惜，但这也是教育创新必须经历的过程。只有时代不断发展，技术不断进步，教育创新才能不断向前推进。

进入 21 世纪，人工智能技术得到了快速发展，并在各个领域得到了广泛应用，教育行业也不例外。在现阶段，人工智能已经进入很多一线城市的国际化学校，例如，全机器人供餐的学校食堂、智能媒体化的线上线下教学工具、无人机或机器人等创客兴趣小组、人脸识别的课堂系统……这种智能化教学管理模式大幅提升了"教"和"学"的效率。

2018 年 5 月，全球第一本人工智能教材进入上海市市西中学的课堂。除了人工智能教材，该学校还有很多人工智能应用。例如，学校门口的人脸签到系统，可将所有来访者的人脸信息、来访时间、位置等记录下来；学校配备了拥有机械臂、摄像头和视觉控制模块的机器人，该机器人可以通过手势控制动作；学生自己开发的无人小车，可以在模拟的道路上自由转弯、加速、避障，还能自动感应交通信号灯；学校还有可以和人自由聊天、对话的智能音箱等。

自人工智能教材被媒体报道后，前来该学校参观的教育工作者络绎不绝，所有来访者都被这所学校的智能化应用震惊。在这个智能化的校园里，人们似乎看到了未来学校的影子，体验到未来的人工智能教育。

正在席卷全球的"智能+教育"革命

近年来，随着 AI 技术与各行业的融合程度不断加深，其在很大程度上颠覆了原有的经济格局与产业结构，甚至将重塑世界的社会经济格局。人工智能爆发出来的能量引起了国内外的广泛关注，很多国家已经将人工智能列入国家战略，并出台了一系列政策与规划，以期在人工智能领域抢占制高点。部分国家人工智能教育领域的相关政策见表 2-1。

表 2-1　部分国家人工智能教育领域的相关政策

政策名称	国家	时间	主要内容
《国家创新和科学议程》	澳大利亚	2015 年	将"人才和技能"列入该报告的 4 个关键领域，并制订了"提高澳大利亚所有人数字素养与 STEM 素养"计划
《数字化战略 2025》	德国	2016 年	提出"在人生各个阶段实现数据化教育"
《为人工智能的未来做好准备》	美国	2016 年	提出要实施人工智能教育，扩大人工智能学科与数据科学在全部课程中的占比，培养能够适应人工智能时代的人才
《俄罗斯联邦数字经济发展 2035 规划》	俄罗斯	2017 年	制订了俄罗斯数字经济发展路线图，"人才和教育"是该规划提出的 5 个基本发展方向之一
《产业战略：人工智能领域行动》	英国	2018 年	提出为确保英国在人工智能行业的领先地位，培养相关专业人才，投资 4.06 亿英镑用于技能发展，重点是数学、数字化和技术教育
《人工智能战略草案》	日本	2018 年	旨在全面推进日本的"人工智能战略"，培养中学生的数字化素养和人工智能专业人才等内容被纳入该战略草案
《新一代人工智能发展规划》	中国	2017 年	明确提出要发展智能教育，利用智能技术改革教学方法，创新人才培养模式，构建新型教育体系，推动人工智能广泛应用于教学、管理、资源建设等全流程中
《国家教育事业发展"十三五"规划》	中国	2017 年	提出要"综合利用互联网、大数据、人工智能和虚拟现实等技术探索未来教育教学新模式"

AI 教育的技术实现路径

2020 年 1 月 2 日，阿里巴巴发布"达摩院 2020 十大科技趋势"，围绕 AI、芯片、云计算、区块链、工业互联网、机器协同、量子计算等领域公布最新科技趋势，并预测多个领域将产生颠覆性技术突破。其中，在关于人工智能的研判与预测方面，达摩院的观点如下。

人工智能已经在"听、说、看"等感知智能领域达到或超越了人类水准，但在需要外部知识、逻辑推理或者领域迁移的认知智能领域还处于初级阶段。认知智能将从认知心理学、脑科学及人类社会发展历史中汲取灵感，并结合跨领域知识图谱、因果推理、持续学习等技术，建立稳定获取和表达知识的有效机制，让知识能够被机器理解和运用，从而实现从感知智能到认知智能的关键突破。

随着新一轮科技革命与产业变革的蓬勃兴起，AI 教育已经成为未来教育产业的重要发展方向。从技术路径来看，"智能＋教育"涵盖的技术非常广泛，包括机器学习、深度学习、自然语言处理、神经网络、学习计算、图像识别、情感计算等。AI 教育的关键技术框架主要包括 5 个层次，分别为教育数据层、算法层、感知层、认知层和教育应用层。"智能＋教育"的技术框架如图 2-2 所示。

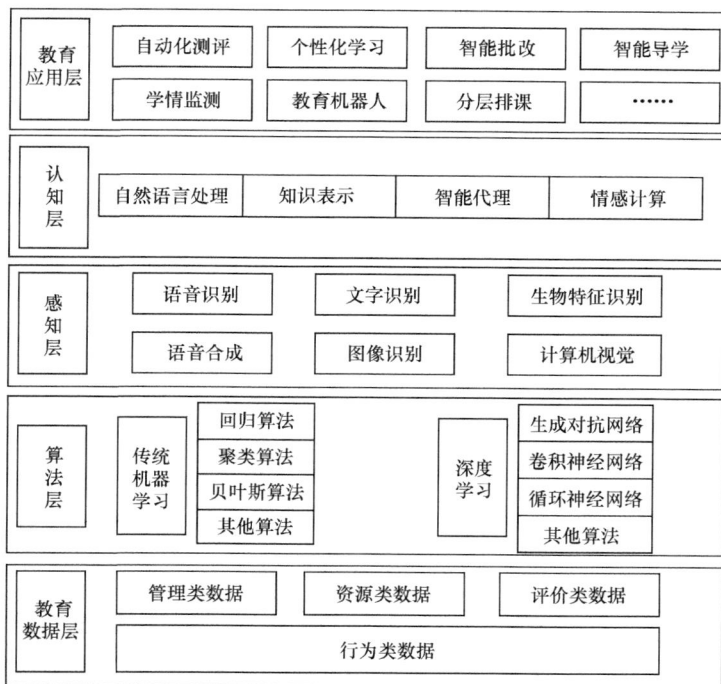

图 2-2 "智能＋教育"的技术框架

教育数据层

教育数据层属于基础层，涵盖了四大类数据，分别为管理类数据、资源类数据、行为类数据和评价类数据。教育数据层的具体内容见表 2-2。

表 2-2　教育数据层的具体内容

教育数据层	具体内容
管理类数据	学生个人信息、学籍档案、教职工信息、一卡通数据等
资源类数据	试卷、课件、媒体资料、案例等
行为类数据	教师行为与学生行为数据：前者包括讲解与演示、指导与答疑、提问与对话、评价与激励等；后者包括信息检索、信息加工、信息交流等
评价类数据	学业水平测试数据、综合素质评价数据等

教育数据层的主要功能是采集、存储与处理数据。但因为要采集的数据种类繁多、规模庞大、良莠不齐，所以在采集之前要借助数据采集、筛选、集成、格式转换、流计算、信息传输等技术预处理数据。目前，在数据处理环节中，Hadoop、MapReduce 和 Spark 是比较常用的数据处理平台。

算法层

在 AI 教育技术架构体系中，算法层是核心，主要包括两类算法：一类是传统机器学习，另一类是深度学习。AI 教育的算法层见表 2-3。

表 2-3　AI 教育的算法层

算法层	具体内容
传统机器学习	利用数据或以往的经验对计算机程序的性能标准进行优化，找到能够自动对数据模式进行检测的方法，使用未覆盖的模式对未来的数据进行预测。在人工智能领域，机器学习是最热门的算法。现阶段，在学生行为建模、预测学习表现、发布失学风险预警、学习支持与测评及资源推送等领域，机器学习都发挥着至关重要的作用
深度学习	深度学习是机器学习的一个子领域，主要功能是构建算法，对机器学习无法提供的抽象数据进行解释与学习。目前，在文本识别、图像识别、语音识别等领域，深度学习取得了重大突破，其对图像识别的准确率远远超过了传统技术

感知层

感知层的主要功能是赋予机器感知能力，让机器像人一样可以"听、看、认、说"，涵盖的技术包括语音识别、图像识别、计算机视觉等。AI 教育的感知层见表2-4。

表 2-4　AI 教育的感知层

感知层	具体应用
语音识别	目前，很多公司都在利用语音识别技术开发语言测评与辅助学习软件，这些软件可以对学生的语音进行识别、测评，根据测评结果提出修正意见，帮助学生更好地提升语言表达能力
图像识别	在教育教学领域，图像识别技术的应用也取得了重大突破。另外，生物特征识别技术可以捕捉学生在课堂上的面部表情、身体姿态等信息，帮教师对学生的学习情况做出更准确的判断
计算机视觉	利用计算机对人类视觉进行模仿，对现实世界中的物体进行感知，对学生在学习过程中的图像进行采集、处理，提取学生的学习特征进行分析，从而做好学情监测

认知层

认知层是感知层的进阶，不仅可以赋予机器感知能力，让机器识别文字、图像、语音，还能让机器理解文字、图像、语音隐藏的含义，相关技术包括自然语言处理（Natural Language Processing，NLP）、智能代理（Intelligent Agent，IA）、知识表示（Knowledge Representation，KR）、情感计算（Affective Computing）。AI 教育的认知层见表2-5。

表 2-5　AI 教育的认知层

认知层	具体应用
自然语言处理	自然语言处理技术可以让机器理解人的语言，在教育领域的应用场景包括机器翻译、作文评价与批改、人机交互、智能问答等
智能代理	基于智能代理技术的机器将变得更加人性化、个性化，智能代理适用于各种教育场景，可以为用户提供各种个性化的教育服务
知识表示	将人类知识转换为能够被信息系统处理的符号语言，可以有效提升专家系统的智能化水平
情感计算	通过赋予计算机识别、理解、表达和适应人的情感的能力来建立和谐的人机环境，并使计算机具有更高、更全面的功能。情感计算在教育领域的技术应用，可以促进情感交互，提高学生学习的积极性和主动性

教育应用层

在 AI 教育技术框架中，教育应用层位于最顶层，是人工智能技术在教育行业应用的集中体现。现阶段，AI 在教育领域的应用场景主要集中在 5 个方面，分别为智能导学、智能批改、个性化学习、分层排课和学情监测。AI 教育的应用层见表 2-6。

表 2-6　AI 教育的应用层

应用层	具体内容
智能导学	智能导学是一种自适应教学系统，可以利用 AI 技术从知识、技能、情感层面为学生提供个性化指导，满足不同学生的需求
智能批改	利用 AI 技术自动批改作业，给出评语与修改意见，在很大程度上减轻了教师的工作负担
个性化学习	借助 AI 与大数据的技术融合，为学生制订个性化学习路径，有针对性地向学生推送学习资源，切实提高学习效果
分层排课	基于 AI 技术实现"一人一课表"，为分层教学的落地提供有力支持
学情监测	利用 AI 技术实时监测学生的学习情况，预测学习结果，及时干预学习过程，从而提高学习效果

综上所述，AI 教育的实现并非易事，在技术层面需要打通教育数据层、算法层、感知层、认知层和教育应用层五大环节，各个环节缺一不可。

智慧教育面临的三大痛点

虽然在 5G、AI、大数据等技术的推动下，智慧教育的发展取得了很大进展，但其仍然面临着很多问题，具体表现在以下 3 个方面。

教育业务的复杂多样性

教育涉及的业务非常多，例如，教学、管理、科研、服务等，系统非常复杂。虽然不同地区、不同学校的教育业务存在一些共同点，但彼此之间也存在较大差异。学校、学科、应用场景、知识传授方式都会对教育业务产生影响。

学校有自己独特的组织架构及办学特征，各个学科有自己的知识体系与应用场景，教师有自己的教学方式，学生有自己的学习方式，教育系统如此复杂，这对人工智能技术提出了很高的要求。仅凭通用的人工智能技术，难以满足学生、教师、管理者的个性化需求。所以，为保证人工智能在教育行业的应用效果，必须根据不同的场景做出适应性改变，使不同业务、不同人员的需求得到充分满足。

另外，因为人工智能技术正处在发展阶段，尚不成熟，很难适应目前复杂的教育业务。虽然语音识别、图像识别、文字识别等人工智能技术取得了重大突破，但中文自然语言处理、情感计算等技术尚处于基础发展阶段。

目前，自然语言处理只能对句法结构、拼写正误做出简单判断，无法全面分析文章结构、观点表达、语言逻辑。同时，教学活动与学习活动都需要大量的语言交流，数据分析、人员对话都对自然语言处理技术提出了较高的要求。

从情感计算方面来看，学习是一个非常复杂的过程，在这个过程中，学生会产生很多情绪。现阶段的情绪识别技术比较简单，无法对学生复杂多变的情绪做出精准识别，无法为学生的个性化学习提供有力支持。

教育用户对AI技术存在的困惑

教育用户对 AI 技术的困惑表现在两个方面，一是应用价值，二是角色关系。

1. 应用价值

目前，对于人工智能技术在教育行业的应用价值，教师及教育管理者存在很多疑虑。根据技术接受模型理论，教育用户对人工智能在教育行业应用价值的判断主要来源于两个方面，一是感知有用性，二是感知易用性。

- **感知有用性**。在优化教学目标、教学内容、教学过程、教学方法、学习活动、课程环境方面，在提高教学质量，打造自动化、科学化的教育教学管理，提高各项事务的管理水平方面，人工智能是否可以发挥出应有的价值，尚不确定。

- **感知易用性**。从硬件设施来看，目前，很多学校都已完成数字校园建设，如果要引入人工智能设备与应用，需要更新一些设备，甚至需要引入新系统、新技术；在软实力方面，学校引入人工智能技术后，教师及教育管理者现有的能力是否能够让这些设备与应用发挥出应有的作用，切实提高教学质量与教学水平，也无法确定。

2. 角色关系

在角色关系方面，目前，大部分教师及教育管理者不太清楚教师与人工智能之间的关系，无法完全信任人工智能。具体来看，在角色关系方面，教师及教育管理者有以下两大困惑：

- 教师不知道如何利用人工智能开展教学活动；
- 人工智能应用于教学之后，教师不知道教学主导权应掌握在谁的手中。

此外，关于人工智能的负面舆论也对教师及教育管理者对人工智能的认知产生了不良影响。随着人工智能应用不断出现，司机、检测员、客服、收银员、翻译等行业将不同程度地出现人工智能替代人类工作者的现象。在教育行业，教师需要重新认识教育，回归教育本质，重新定义自己的角色。

人工智能在教育行业的应用可以代替教师执行模块化任务，开展重复性工作，减轻教师的工作负担。至于学生创造力、情感思维、价值观的培养，还是需要人类教师负责，人工智能是无法胜任的。

专业教师队伍与课程体系的缺乏

目前，"人工智能＋教育"处在初步发展阶段。2017 年，国务院印发《新一代人工智能发展规划》，提出在中小学阶段设置人工智能相关课程，推动人工智能领域一级学科建设，将高端人才队伍建设作为重中之重，推动人工智能教育体系不断完善。但目前，人工智能教师队伍建设、人工智能相关课程体系建设还未形成共识，这对人工智能融入教育行业有了一定的限制。

人工智能教师队伍不健全、课程体系不完善，使人工智能相关人才的培养工作非常困难，导致人工智能融入教育行业缺乏理论依据及实践支撑。教师是教学活动的组织者、实施者，在教学过程中发挥着引导作用。课程是教师开展教学活动的载体，只有建立一个完整的教师队伍与课程体系，才能为人工智能人才的培养，为教师与教学管理者使用人工智能提高教学质量、管理质量提供指导。

推动 AI 教育落地的五大关键工作

在未来的教育变革中，在教育教学质量提升、创新人才培养、个性化学习、终身学习方面，人工智能必将发挥重要的作用，需要政府、企业、学校、社会给予广泛关注。虽然目前人工智能与教育行业的融合已经显现出一定的效果，但整体仍处在起步阶段，面临着很多问题。未来，AI 教育将沿着怎样的路径发展呢？我们认为，AI 教育产业想要真正落地，需要把握好以下五大关键工作。推动 AI 教育落地的五大关键工作如图 2-3 所示。

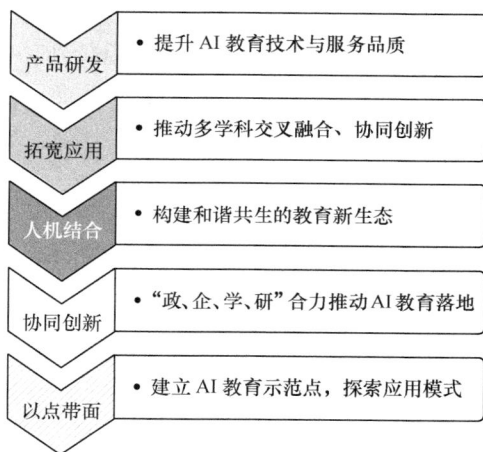

图 2-3　推动 AI 教育落地的五大关键工作

产品研发：提升AI教育技术与服务品质

AI 教育产品的研发、技术服务品质的提升需要从多个方面努力。

一是推动教育专家、人工智能专家、企业人员深入合作，找出当前教育行业的现实需求，探寻教育与人工智能的契合点，研发教育智能产品与应用。例如，利用人工智能技术研发教育情感类机器人，将人类的情感附加在智能机器身上，让机器与学生进行情感互动，从人机交互发展为人机共情，让机器变得有情感、有温度。

二是不断丰富和拓展人工智能产品的功能，满足学生个性化的学习需求和教师个性化的教学要求。目前，国家倡导中小学开设人工智能相关课程，相关企业可以研发一些与课程配套的 AI 教育产品，例如，编程类教学软件等，为人工智能相关课程的开展提供辅助。

三是建立健全的 AI 教育产品安全监管和评估体系，按照行业标准进行规范，加大市场监管力度，让企业从产品与服务两个方面为 AI 教育的发展提供强有力的支持与保障。

拓宽应用：推动多学科交叉融合、协同创新

深入挖掘人工智能与教育行业融合产生的应用价值，持续拓展应用空间，让人工智能更好地为教育教学服务。人工智能可以打破教育壁垒，有效整合正式学习和非正式学习。

为此，国家可以建立人工智能教育服务平台，整合世界各地优质的教育资源，根据学生的需求有针对性地为其提供学习内容与资源。除了整合资源，该平台还能追踪、记录、挖掘、分析学生的学习数据，全方位了解学生的兴趣爱好、现实需求，开展个性化教育，实现终身学习。

人工智能技术不仅可以应用于普通的学校教育，还能应用于特殊教育、职业教育等领域，满足学生个性化的学习需求，让他们真正从教育改革中受益。此外，为了让人工智能在教育领域得到更好的应用，还要广泛开展跨学科研究，推动脑科学、认知科学、神经科学等学科交叉融合，为未来教育的发展提供支持与助力。

人机结合：构建和谐共生的教育新生态

AI 在教育领域的实践应用，可以帮助教师分担一部分工作，将教师从重复性劳动中解脱出来，让其有更多的时间关注教学设计，帮助学生实现个性化学习。但学生价值观、情感态度、道德品质的培养还需要人类教师负责。在这种情况下，"人机结合"就成了未来教育的主流发展趋势。

具体来说，"人机结合"就是人工智能机器负责机械式、重复性的工作，例如，批改作业、收集学习资料、安排考试等；教师负责与学生进行情感交互、塑造学生人格、培养学生的道德品质、发展学生的高阶思维能力等。

为了构建和谐的"人机结合"生态，要加快建立长效的人机信任机制。为此，要尽快完善人工智能治理体系，制定道德标准，打造更强大、更安全、更值得信赖的 AI 教育应用系统，推动 AI 教育实现良性发展。

协同创新："政、企、学、研"合力推动AI教育落地

AI 与教育的融合无法一蹴而就，需要政府、企业、学校、科研机构相互协同，共同推进。

- **政府层面**：构建完善的教育制度保障体系，继续加大在 AI 教育领域的资金投入，为智能技术的革新提供强有力的保障。
- **企业层面**：在 AI 教育产品的设计与研发方面加大投入，扩大产品供给，提高服务质量，与学校、科研机构合作，不断拓宽发展渠道。
- **学校层面**：积极探索 AI 教育教学模式，开设相关课程，培养学生的数据科学素养与计算思维，满足智能时代的发展需求，不断地为企业、科研机构输送人才。
- **科研机构层面**：聚焦 AI 教育的理论研究，创建新一代 AI 教育理论体系。通过技术研发与产品创新，为 AI 教育发展过程中遇到的技术难题提供有效的解决方案，为企业研发 AI 教育产品提供技术支持。

以点带面：建立AI教育示范点，探索应用模式

在"试点先行，以点带面，逐步推广"原则的指导下，选择信息化条件较好的地区和学校建立人工智能教育试点，探索 AI 教育模式，将其推向全国。

具体来说，就是聘请 AI 教育领域的专家担任顾问，定期指导试点建设，努力建设一支包括人工智能教师在内的信息化人才队伍。试点学校的教师与

教育管理者要接受人工智能业务培训，以提高对人工智能教育应用的认知，提高人工智能技术的应用能力。此外，试点地区和学校要建立有效的激励措施与保障体系，鼓励教师应用人工智能技术，革新教育教学模式，不断提升教学水平。

第 3 章 科技普惠：创新让教育更有温度

科技向善：AI 教育的实践价值

AI 在教育领域的应用应聚焦教育目标和价值体系，将人工智能与教育融合在一起，把人工智能技术的优势充分发挥出来，产生 1+1 > 2 的效果。根据人工智能技术的特点和优势可以推断，AI 教育的应用具有三大价值：面向特殊人群的补偿性教育、针对常规业务的替代式教育、服务个性发展的适应性教育。AI 教育的应用价值如图 3-1 所示。

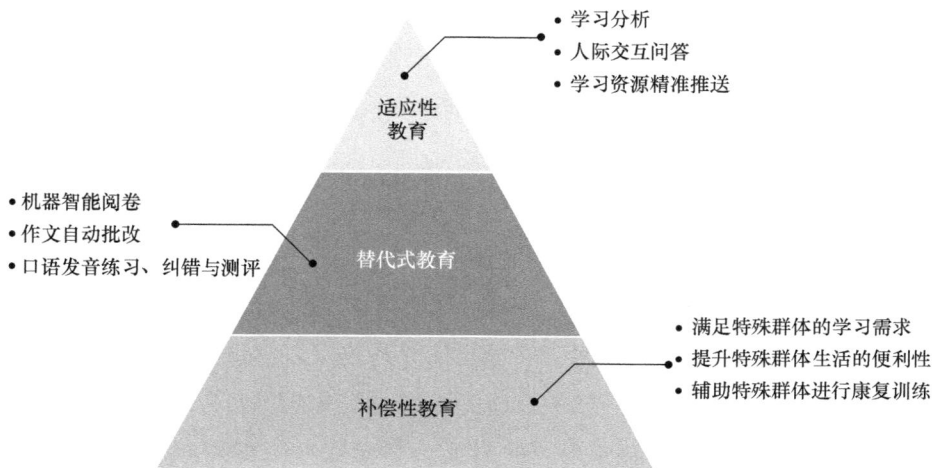

- 学习分析
- 人际交互问答
- 学习资源精准推送

适应性教育

- 机器智能阅卷
- 作文自动批改
- 口语发音练习、纠错与测评

替代式教育

- 满足特殊群体的学习需求
- 提升特殊群体生活的便利性
- 辅助特殊群体进行康复训练

补偿性教育

图 3-1 AI 教育的应用价值

面向特殊人群的补偿性教育

"补偿"的意思是抵消损失，弥补缺陷。对于特殊教育来说，补偿缺陷具有两层含义：一是用未被损害的部分弥补被损害的部分，从而产生新的机能组合与条件联系；二是用新技术、新工具、新手段对被损害的部分进行修补，使机体重新焕发生机与活力。

特殊教育面向的群体大多是有先天缺陷或后天缺陷的学生，这些学生在学习、生活方面面临着很多困难。近几年，在相关机构与企业的不断努力下，人工智能技术在特殊教育领域实现了成功应用。人工智能技术可以弥补其缺陷，帮助学生开展个性化学习。

在生活方面，人工智能技术的应用方便了特殊人群的生活；在健康方面，人工智能技术的应用可以让特殊人群接受专业的康复治疗，尤其是针对自闭症患者，人工智能技术的应用可有效提高治疗的效果。

自闭症患者最大的问题是缺乏社会沟通能力，利用人工智能技术研发的智能虚拟代理与智能社交机器人可以更好地与自闭症患者沟通、交流，搜集、处理、评估自闭症患者的社交行为数据，对自闭症患者社交活动的理解程度做出判断，并且轻微地改进技能，从而提升自闭症患者的语言能力和社会沟通能力。

总而言之，人工智能在特殊教育领域的应用可以对特殊群体进行补偿性教育，使其潜能得到充分挖掘，帮助特殊群体尽快回归社会，消除他们与他人之间的隔阂。

针对常规业务的替代式教育

替代式教育指的是利用人工智能替代教师开展部分工作。例如，利用自然语言处理技术与机器学习打造的智能批阅系统可以实现智能阅卷、自动批改作文；利用语音识别测评技术打造的语言类教育应用可以自动对口语考试进行评分，纠正学生口语练习中的错误。替代式教育的常规业务分类如图3-2 所示。

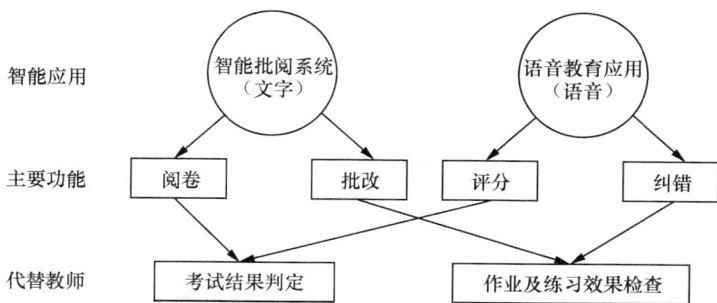

图 3-2　替代式教育的常规业务分类

从 1999 年开始，美国教育考试服务中心（Educational Testing Service，ETS）就使用 E-rater[2] 进行自动评分。E-rater 以海量文章为素材，提取代表书写质量的一系列特征，从语言、内容、篇章结构 3 个方面对文章进行分析，分析内容包括词汇复杂度、语法错误的比例、文章风格、单词总数等，然后给出最终得分。每个特征的权重取决于统计过程，最终要保证系统评分与教师评分相差无几。

目前，E-rater 主要被用来对托福考试的作文进行自动评分，类似的应用还有 Project Essay Grade、IntelliMetric 等。托福、雅思等大型考试的试卷数量数以万计，仅凭教师人工阅卷不仅费时费力，而且评分结果容易受教师主观因素的影响，评分标准存在较大差异。智能阅卷系统的应用将教师从这种机械重复的阅卷劳动中解放出来，不仅可以提高作文的评分效率，还可以保证评分的客观公正。

智能批改系统不仅可以自动对试卷进行审阅与评分，还能生成个性化诊断报告反馈给学生，指导学生修改，解决教师因作文批改量过大导致的批改不精细、反馈不具体等问题。利用语音识别技术开发的口语学习软件可以自动对学生的口语发音进行评分，纠正其中的错误，帮助学生调整和改正。

在 AI 技术的加持下，机器可以按照预先设定好的程序重复工作，将教师从烦琐的日常工作中解脱出来。同时，数据的收集、分析也可以帮助教育科研人员更有针对性地研究学生在学习过程中遇到的问题，帮助教师改进教学方式，让

2　E-rater 主要是利用计算机语言学中的自然语言处理方法，对文本相关信息进行标签匹配，结合数据库来审核考生的写作质量。

课堂真正成为学科核心素养落地的地方。总而言之，针对常规业务的替代式教育不仅可以节省人力、物力，为教学活动提供便利，还能打造多样化、智能化的学习方式，充分满足学生的学习需求。

服务个性发展的适应性教育

受个体差异的影响，在学习过程中，学生对知识的接受程度有高有低。为解决这一问题，提高学生的学习效果，学校必须因材施教，开展适应性教育。服务个性发展的适应性教育是人工智能在教育领域应用的重要方向。在人工智能技术的支持下，智能虚拟助手、智能导学系统、个性化学习支持系统可以根据学生的特点为其定制学习课程，提高学习效果。

- **智能虚拟助手**：利用自然语言模拟人类对话，全方位理解人类需求，为学生提供交互问答、情境学习、学习分析等服务。这一应用有两大核心特征，一是对话式交互，二是智能化服务。在与学生对话时，智能虚拟助手可以不断地变换角色，与学生讨论不同的话题，创建一个更真实的语境，辅助学生更好地学习语言。

- **智能导学系统**：随着人机交互程度的不断提升，机器人导师会实时、精准地掌握学生特征，在教学过程中更加注重个性化与针对性。例如，智能导学系统可以分析学生的学习数据，从而有针对性地调整学习内容与进度。此外，智能导学系统可以同时关注学生的认知状态与情感状态，通过分析答案、反馈错误评估学生的知识掌握程度，为学生提供个性化指导。

- **个性化学习支持系统**：不仅可以感知语言、图像等外部信息，还能利用深度学习能力感知学生的行为习惯、情感态度。学生的行为数据为系统功能完善、技术升级奠定了基础，是对学生进行个性化辅导的关键。机器对学生的了解程度越高，推送的学习内容、提交的学习反馈、对情感变化的处理就越精准。

普惠赋能：重塑未来教育新图景

新技术的应用为教育行业带来了新改变，可以从教师、学生、教学环境 3 个层面探究，具体分析如下。

教师层面：提升个人能力、降低相对差距

改革开放以来，我国教育事业取得了举世瞩目的成就，但也面临着诸多困难与挑战。其中，教育资源分配不均衡、师资水平差距明显的问题，一直是教育界与学术界关注的焦点。而随着 AI 与教育的融合程度不断提升，运用科技手段提升师资力量、实现教育资源共享将成为可能。

学生层面：破除主动性难题、降低对优质教师的依赖

如果学生在学习方面对教师、学校等外部环境的依赖性比较强，就会对优质的教学资源产生强烈的渴望。

如果在学习过程中频频受挫，且不能及时获得奖励，学生就会将学习视为一种负担。反之，如果学生积极主动学习，就会降低对优质教师及教学软硬件的依赖。所以，对于人工智能教育来说，激发学生学习的主动性、积极性，让学生在学习中获得快乐、爱上学习是一项重大任务。特别是在目前"双减"的大背景下，只有让学生爱上学校、爱上学习，才能真正实现教育质量的提升。

教学环境层面：低成本推进软硬件资源铺设

除教师，教学软硬件也是非常重要的教育资源。人工智能在教育领域的应用，可以以更高的效率、更快的速率、更低的成本将软硬件资源推向更多的学校。

科技在教育领域的应用必须从教师、学生、教育环境 3 个层面切入，颠覆传统的教育模式、学习模式和教学环境才能重构传统教育，推动教育实现更好的发展。

VR/AR+ 教育：构建沉浸式教学环境

人类对 VR 的研究由来已久，早在计算机诞生之初就已经存在。但那时只是简单的尝试，真正触及 VR 技术的研究要追溯到 20 世纪 80 年代初。当时，美国 VPL 公司的创始人杰伦·拉尼尔（Jaron Lanier）提出一个具有划时代意义的词——"Virtual Reality"，开启了研究 VR 技术的新时代。

VR 是一种能提供沉浸感体验的技术，该技术利用计算机图形系统和各种现实控制接口设备在计算机上生成三维环境，给人带来交互体验和沉浸感。VR 技术具有沉浸性、交互性和构想性的特征。

从广义上看，AR 是虚拟现实的扩展。AR 能将虚拟信息"放到"真实世界之中，并能利用计算机在同一画面中呈现真实环境和虚拟物体。VR 与 AR 的最大区别在于，VR 只能利用计算机呈现虚拟画面，而 AR 可以利用计算机呈现虚拟与现实共存的画面。也就是说，AR 既能让用户看到真实的世界，又能让用户看到叠加在真实世界上的虚拟影像。因此，AR 所"增强"的是用户对现实的体验，不可能完全"替代"现实。

在教育领域，最先应用 VR/AR 技术的是职业教育与高等教育的教学环境。当然，在条件允许的情况下，中小学也可以将这两种技术应用于课程教学，为学生构建一个逼真的学习情境，增强学习的趣味性，调动学生学习的积极性，进一步提高学习效果。

合理运用 VR 技术，可以创设真实的学习情境，更形象、更直观地呈现知识，既能提升学生的学习体验，又能方便师生的互动交流。通过对真实化学习情境的观察和探索，学生可以更深刻地理解知识点，提升认知水平，在这种情况下，教师的教学效率也会得到明显提升。

在一定程度上，VR/AR 技术的合理应用也强化了感知技术与现实技术的应用。这些技术的应用突出了学生的主体地位，满足了学生的多元化学习需求，为教育打造了一个理想、智慧的教学环境。

在教育领域，VR/AR 技术的应用效果具体表现在以下 3 个方面。

更新教育形式

将 VR/AR 技术应用于教学，可以生动、形象地呈现知识点，加深学生的直观感受。例如，将 VR/AR 技术应用于医学教学，可以生动、形象地展示人体脏器的内部结构，真实地模拟治疗疾病的过程，这不仅有助于学生近距离地观察病理的形成，还能让学生更迅速地掌握相关知识。总之，这种教学辅助可以提高医学生的学习效率，提高教师的教学效果。

将 VR/AR 技术应用于教育是一种特殊的教育思维，它不是单纯地强调将知识迅速传递给学生，而是要让学生充分发挥自己的主观能动性。这种教育思维更重视学生对实践的参与，致力于引导学生对知识进行深刻理解，鼓励学生自学，让学生自己探索适合自己的学习方式，从而达到良好的学习效果。将 VR/AR 技术与教育紧密融合需要对教学进行精妙的设计，它能促使教师对教学理念和教学方式进行改进和创新，充分发挥教师的积极性，达到良好的教学效果。

丰富教学内容

VR/AR 技术在师生交流互动中也发挥着重要的作用，它既能大幅提升教育质量，又能合理控制实训成本，同时还能有效降低教学风险。将 VR/AR 技术应用于教育领域，可以结合不同类型的教学资源丰富教学内容，打造智能化的教育环境，调动学生的学习兴趣，促使学生主动完善自身的知识结构，拓宽视野，提升知识水平。

增强教师专业技能

从 2016 年开始，我国越来越多的高校开始重视 VR/AR 技术在教育领域的应用，纷纷建立起 VR/AR 技术实验室。随着数字化教育的发展，教育领域对 VR/AR 技术的重视日益凸显，将 VR/AR 技术应用于教学已经成为教育改革的发展趋势，它能够极大地满足学生对现代化、多元化学习的需求。

在 VR/AR 技术的支持下，教师的专业技能不断提升，他们更愿意优化与创新教学设计，致力于为学生创新设计各种有趣的学习情境，将知识生动、形象地展现出来，便于学生深入理解。同时，教师也更倾向于激发学生学习的主观能动性，引导他们主动探索和学习新知识，显著提高整体教学效果。

VR/AR 技术在教育领域的应用需要教师足够用心才能发挥出效果：一方面要求教师明确教学目标和重难点，确保问题设计和情境设计的合理性；另一方面要求能有效激发学生的探究欲望和成就动机。在实际教学的过程中，教师要不断探究新方案，持续强化自己的专业知识，努力掌握 VR/AR 技术应用的技巧，不断开发教学资源，合理整合与应用解决教学过程中出现的各种问题。学校应该借助 VR/AR 技术打造"双师型"教师队伍，不断提高教师的综合素质和职业技能，增进师生之间的良性沟通，实现数字化教育。

在大数据时代，VR/AR 技术得到了快速发展，通过其相互配合为教育发展提供了源源不断的动力。VR/AR 技术在教育领域的应用能够深入解决教学问题，帮助教师不断创新教育形式，丰富教学内容，在显著提高教育效果的同时，也推动教育的不断发展。未来，VR/AR 技术应该积极完善，弥补技术上的不足，最大化发挥其应用价值，不断提升服务品质，更好地服务社会和教育。

未来已来：AI 教育的边界与想象

在当前的教育环境下，教学场景比较简单，一间教室、三五十个学生、一个教师、一套多媒体设备就能开展教学活动，即使目前火爆的"互联网＋教育"模式，在实践层面也仅仅是通过图像、视频等工具将知识点呈现出来。而在 AI 教育时代，虚拟与现实的边界将逐渐消失。或许在不远的将来，学生只需一个机器人或一个智能头盔，就能完成所有的学习活动。

在人工智能教育领域，人机交互是非常重要的一环，这个交互不只是与教师交互，还可以和知识交互，将每个知识点立体地展现出来。可以试想一下，作为一名学生，家中的计算机了解你的学习特点，掌握着你的学习进程，会实时地给你一些反馈与鼓励，在必要的时候给予提示，不仅按需为你提供知识，满足你的学习需求，还让你的大脑得到更好的开发。

无论人工智能发展到什么阶段，最基本的需求都是检索。未来，文字搜索将被放弃，语音搜索、光学字符识别（Optical Character Recognition，OCR）技术将被广泛应用，大幅提升检索的准确率。

目前，一些互联网企业都开发了这类技术，用户只要说出自己的需求或给出提示就能得到想要的结果。未来，还有可能在意识搜索的基础上诞生更智能的搜索方式。目前，机器学习、可穿戴设备都在向这个方向探索。

从整体来看，在 AI 技术的驱动下，未来教育模式可能面临以下 5 个方面的变革。

学生学习更加自主

人工智能教育的最终目的是让学生实现个性化学习、自主化学习。在未来的人工智能教育时代，随着人工智能、机器学习等现代信息技术的广泛应用，借助丰富的在线教育资源、智能化的诊断与推送，每个学生都能根据自己的学习情况开展个性化学习，真正地实现因材施教。

教师工作将更具人性和创造性

随着人工智能技术在教学与评价领域的应用，事实性知识、概念性知识及部分程序性知识的教学工作将由教学机器承担，教师将从烦琐的教学与评价工作中解脱出来，拥有更多的时间与学生交流互动，深入了解每一位学生的学习情况，根据学生的具体情况设计教学过程，全面提升自己的能力，充分发挥自己的不可替代作用。

课堂教学将增加更多的实践和体验

在人工智能教育时代，学生的学习活动将打破时空限制，可以随时随地在线学习，届时，师生面对面的课堂教学将增加更多实践性和体验性的内容。

未来，课堂教学形式将不断丰富，例如，翻转课堂、MOOC 等。此外，学校还将组织更多的社会实践活动，丰富学生的校园生活与学习体验，鼓励学生自主学习，让学生成为课堂的主导者。目前，这是人工智能改变课堂教学的主方向。

📚 教学管理更有弹性，更加灵活

在人工智能教育时代，学校的教学管理将变得更有弹性。目前，中小学课堂每节课 40 分钟，一天 7 节课。进入人工智能教育时代后，学生的上课时间将更加灵活。因为对于特定的内容，每位学生需要的学习时间不同，有的学生 10 分钟就能掌握，有的学生却需要 30 分钟才能掌握，课堂时长将根据每位学生的学习情况确定。

近几年，美国出现了很多虚拟学校，这些学校在这方面做了很多尝试，它们延长教学管理周期，以学时和对知识的掌握程度为标准对学生进行考核，至于学生在哪里学习、在什么时间学习、每次的学习时长，学校均不考虑，学生可以自主决定。

⌨ 教学评价更加多元和客观

教学评价不仅可以检测学生在某个时间段内的学习效果，还可以督促学生学习。未来，学校可以利用人工智能技术改善学习评价，尤其是诊断性学习评价，让教学评价更加客观。目前，人工智能技术在教学评价领域的应用催生了很多智能诊断产业。

利用大数据等技术，人工智能平台可以收集学生学习的各个数据点，形成丰富的数据集。这些数据集有的针对所有学生，有的只针对某个学生。然后，人工智能平台可以利用特定的分析模型分析这些数据集，将每个学生的学习情况生成诊断报告，根据学生的具体情况为其提供个性化的学习资源与发展建议，让学生获得更客观、更科学的教学评价。

第 4 章　商业路径：AI 教育的创新与实践

AI 教育的生态格局与典型企业

目前，AI 教育市场的参与者主要有教育类公司、互联网公司、AI 技术提供商和计算平台提供商 4 种类型，其立足点各有不同，共同构成了 AI 教育市场的生态格局。AI 教育生态与典型企业如图 4-1 所示。

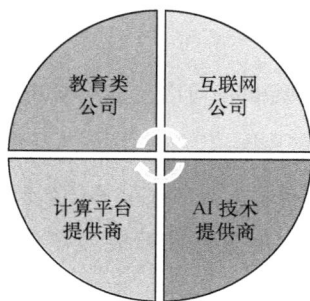

图 4-1　AI 教育生态与典型企业

教育类公司

教育类公司进军 AI 教育市场具有明显的优势：一方面，教育类公司更贴近消费者，更了解教育行业的需求和痛点，能够设计出更贴合用户需求的产品；

另一方面，教育类公司覆盖的应用场景比较广泛，它们能够依据这些场景收集大量数据，从而建立合理的产品模型。

如山东智深教育科技有限公司，专注于用科技辅助教学，探索教学模式与方法的创新。该公司的 Smart 教学系统，利用互联网、云计算、大数据、人工智能等信息技术，打造出智能、高效的教研及教学管理系统，Smart+ 教研、Smart+ 教学、Smart+ 学习、Smart+ 考试、Smart+ 教务等，不仅在新型冠状病毒肺炎疫情期间为学校的线上教学提供了丰富的资源，而且在恢复线下教学后也为不同需求的学生提供了个性化学习方案，开辟了学校提供有针对性、个性化订制课程的新场景。

互联网公司

互联网公司在发展过程中积累了强大的技术优势和多应用场景的数据资源。互联网公司基于数据、流量和场景等维度的资源整合，推动智能教育产品的落地和普及。另外，利用互联网公司基于平台的技术优势，可以通过开放应用程序接口（Application Program Interface，API）等形式为其他智能教育公司赋能，进而实现先进技术与教育场景的融合。

AI技术提供商

在技术的驱动下，AI 技术提供商可以在技术领域纵向深耕，通过与 B 端客户建立链接，提供 AI 教育产品和服务解决方案，促进人工智能教育产业的发展。

作为智能教育产业供应链的关键环节，AI 技术提供商一方面可以通过强化技术优势、打造技术壁垒，提高自身在智能教育生态系统中的地位；另一方面也可以开发面向 C 端或 B 端的核心应用，深度布局智能教育场景。

计算平台提供商

对于人工智能教育生态的构建而言，计算平台提供商能够提供产业所需的数据处理能力，满足智能教育应用场景的多样化需求。

AI 教育创业领域的三大赛道

随着 AI 教育行业持续火热，资本不断涌入，该行业内的创业企业越来越多。根据服务对象的不同，AI 教育创业公司大致分为 3 种：第一种是面向教师的 AI 教育企业；第二种是面向学生的 AI 教育企业；第三种是面向家长和学校的 AI 教育企业。

面向教师的AI教育企业

教师除了课上传授知识，课下为学生答疑解惑，还要批改作业与试卷、制订教学计划、备课。其中，后面 3 项工作耗费的时间在教师总工作时间中的占比非常高，甚至超出了前两项工作时间之和。一些 AI 企业聚焦该领域，试图开发一些人工智能应用帮助教师提高批改作业与试卷的效率，制订更高效、更灵活的教学计划。

从技术层面来看，可以将判断题、填空题、选择题的评判交给机器完成，对于答案标准化程度较低的推演题、问答题的自然语音识别，则需要进一步探索学生答题行为的捕捉与分析。目前，在该领域，Gradescope 与 Grammarly 是两个比较知名的项目，前者可以帮教师批改作业与试卷，后者可以帮助学生修改语法错误。

除了批改作业与试卷，人工智能还能为教师的教研活动提供指导，为教学计划的制订提供辅助。AI 可以通过分析学生的行为数据、语音情感，为教师考核、学习计划的制订、课程设计提供数据支持。

例如，AI 通过对学生的答题情况进行分析，发现 80% 的学生做错了同一道题，就会提示教师关注这个知识点，让教师再次讲解这个知识点，从而加深学生对知识点的理解。如果是线上录播课程，AI 就会提示教师优化课程设计，让教师为习题添加提示；如果是一对一的直播课，AI 可以实时向教师反馈学生的学习情况，让教师掌握学生的学习状态，及时调整教学活动。

此外，教育机构还可以跟踪分析学生的数据，提前获知哪些学生存在退学风险，尽早干预，保证每位学生都能得到很好的教育。目前，Affectiva、Acro-batiq 两个机构是该领域典型代表。

面向学生的AI教育企业

一直以来，人们都希望实现因材施教。但在传统的教学模式下，教师的工作非常烦琐，除正常的授课，教师还需要处理很多"杂事"，很难深入了解每一位学生。但在人工智能技术的支持下，因材施教有了实现的可能。自适应学习系统可以获取每位学生的学习需求，并对其反馈做出响应，通过有针对性地处理知识点，例如，强调、补充、跳过等，为学生制订个性化的学习路径与学习进度。Knewton、Kidaptive 是该领域的典型代表。

当学生结束学习后，AI 还能为学生提供学习反馈，让他们了解自己的学习情况，为接下来的学习决策提供指导，这一功能与教学教研指导非常相似。学生可以通过系统分析了解自己的学习进度、学习状态和掌握知识点的情况，与大数据进行比较，获知自己所处的水平。同时，AI 系统还能根据学生的个人情况，为学生选课、选校、选择导师提供个性化建议。

面向家长和学校的AI教育企业

面向家长的 AI 教育企业有 RoboTerra、Wonder Workshop 等，其主要任务是研发 AI 虚拟助手和机器人，使其承担部分人类教师或教具的职能，该研发成果主要应用于儿童早教、语言阅读等场景。

AI 虚拟助手具备语音互动、音乐播放、知识讲解等功能，不仅可以增强学习趣味，还能代替家长陪伴孩子、辅助孩子学习。需要注意的是，在现阶段，实体机器人属于硬 AI，相较于纯软件 AI 来说，实体机器人处于早期发展阶段，还有很大的发展空间。

此外，还有一些创业项目是面向教育机构的，其目的在于利用 AI 打造智能化的教务管理。换言之，这类 AI 教育项目面向的不是学生、教师、家长，而是学校，其应用场景包括图书馆管理、财务管理、招生咨询、学生考勤、校园安防等。

例如，利用 AI 打造智能图书馆，根据学生的背景信息有针对性地为其推荐图书；AI 客户端为学生、家长提供学校介绍、招生咨询服务等内容；利用 AI 技术对学生、教师、设备等数据进行分析，为学校的投资决策提供指导；利用图像识别与人脸识别技术管理学生考勤，做好校园安防和监测工作。

美国 AI 教育企业的发展与启示

移动互联网、大数据、人工智能等新兴技术的发展使教育产业正在发生巨大变化，从以教师为中心逐渐向以学生为中心转移。人工智能技术在教育的"教、学、测、评、管"五大环节的渗透，也使教育越来越个性化。

目前，多个国家已经开启了对人工智能支持教育的探索和实践，追求教育的效率化、规模化和个性化。例如，美国在人工智能教育领域取得了不错的成绩，可以为我国 AI 教育企业的发展提供一些启示。

Gradescope：基于AI技术的考试测评

Gradescope 是加利福尼亚大学伯克利分校在 2012 年设计的一个边缘性产品，其目的是利用 AI 技术帮教师批改试卷与作业，减轻教师的工作压力。

在研发这款应用的过程中，Gradescope 团队收集了大量问题与答案样本，积累了大量的原始数据，为日后 AI 技术的引入奠定了基础。Gradescope 通过应用界面为教师评分提供辅助，将评分时间缩短了一半。引入 AI 技术后，AI 可以识别、归类问题，并对其进行批量处理，实现自动评分，这使评分时间减少了 90%。

Gradescope 的功能非常丰富，包括识别问题类型、区别书写符号、识别手写内容、识别绘图等。其中，识别手写内容需要通过 Tesla K40 和 GeForce GTX 980 Ti GPU 训练的循环神经网络完成，输入图片后可生成文字。

Gradescope 被越来越多的学校、教育机构使用，其积累的数据越来越多，不断提升算法的精准度，因此结果也会越来越准确。目前，Gradescope 的运营模式是"免费 + 增值"，即批改试卷、打分是免费的，使用 AI 技术需要支付一定的费用。

Duolingo：实现虚拟语言课程的人性化

Duolingo 是一个在线语言学习平台，该平台通过游戏化与多选题试错的方式增强了外语学习的趣味性，让用户可以在最短的时间内掌握一门外语，应用流程如下：如果用户想零基础学英语，登录之后，Duolingo 会先用中文问你一些问题，再用英语搭配图片让你选择正确答案，之后，Duolingo 会根据答案正确与否给出下一道题，题目难度因人而异。也就是说，每位用户在 Duolingo 都能享受个性化的学习过程。

Duolingo 利用机器学习升级为自适应模式后，其用户数量有了大规模增长。2016 年，Duolingo 引入聊天机器人，引导用户进入特定主题进行交谈。如果用户在谈话过程中遇到障碍，聊天机器人会主动提供帮助。随着对话时间的不断增加和外语词汇的难度不断提高，学习者的语言掌握程度也会越来越高。

Lingco：为语言学习创造AI助学场景

Lingco 是一家成立于 2018 年 1 月的在线语言学习平台。借助 AI 技术，Lingco 能够在短时间内准确评估用户的语言水平，进而制订个性化的学习计划，提高用户的语言水平。与其他教育企业一样，Lingco 也期望通过人工智能技术优化学习过程中的"教、学、测、评、管"环节，更快地提升用户的成绩。

为了更好地完成教和学，Lingco 首先通过自适应提问来评估学习者的真实水平，从而制订个性化的学习计划。与传统的教学方式不同，Lingco 提供给每个学习者的词汇都是基于其自身水平而制订的。而且，为了帮助学习者获得更好的学习效果，Lingco 每次只提供给学习者少量词汇。

为了使学习者获得更有针对性的指导，Lingco 会分析学习者在语言学习过程中出现的所有错误（例如，发音错误、用词错误、动词时态错误等）并将分析结果反馈给学习者。另外，学习者在初次使用 Lingco 时，平台就会创建学习者的记忆模型，确定其学习需要的最佳时间，学习者经过反复的学习和训练，可以达到理想的学习效果。

就辅助教学环节而言，教师既可以利用平台自主创建教学内容，也可以修改和使用平台提供的内容库，应用起来非常方便，无须借助插件或软件就可以实现。在教学管理环节，教师能够在 Lingco 的帮助下实时掌握学生的学习情况，根据具体情况调整教学内容。

第二部分

场景落地

第 5 章 智能教学：科技重构教学新体验

基于 AI 的智慧课堂解决方案

2018 年 4 月 13 日，教育部发布了《教育信息化 2.0 行动计划》。该计划强调要以学生为中心构建智慧学习环境，意味着中国的教学环境将在未来 5 ～ 10 年发生改变，即从原来的以教师为中心逐步转变为以学生为中心。与此同时，学校教育也将逐步向智能教育转变。

未来，AI 系统将为教师、教务管理人员分担大部分工作，包括对教学资源的审查、提取、分析、总结、应用等，这不仅能够减轻教师、教务管理人员的工作负担，还能让教学、教研工作变轻松。更重要的是，人工智能技术可以为每一位学生提供定制化的教学方案，使"因材施教"理念真正落地实现。具体来看，人工智能技术在智慧课堂中的应用主要表现在以下 7 个方面。AI 在智慧课堂中的应用如图 5-1 所示。

课堂情感识别分析

ITS 可以发挥以下作用：它能利用专门的摄像头收集学生的学习数据，然后通过大数据和人工智能技术对数据进行分析，掌握学生在学习过程中的情感变化，将学生对课堂的情感占比、典型学生的学习情感等数据生动、形象地展示出来，让教师明确自己的授课内容是否对学生具有吸引力。借助这些信息，教师可以全面掌握每位学生的学习状态，同时能够有依据地调整教学进度和改变授课方式，从而不断提高教学水平和教学质量。

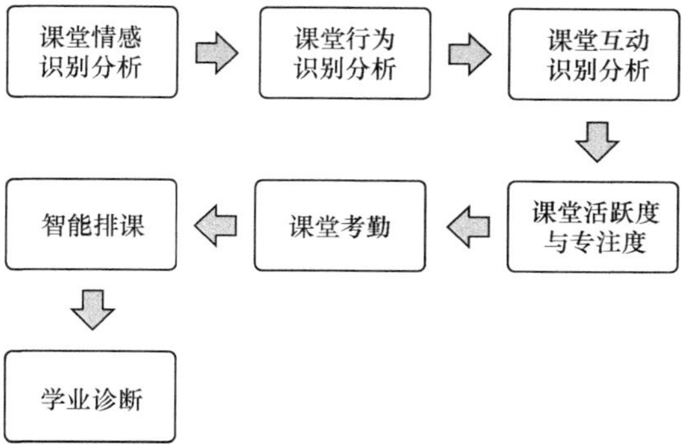

图 5-1　AI 在智慧课堂中的应用

课堂行为识别分析

人工智能可以通过对收集到的数据进行分析，获得学生学习的专注度、活跃度等信息，帮助教师了解课堂关键活跃环节、学生活跃区域分布、课堂行为占比、课堂行为趋势、学生的学习态度等情况，同时也能帮助学校实现精细化教学评估和合理化教学管理。

课堂互动识别分析

人工智能语音识别能够收集课堂中师生互动的相关数据，还能以文本的形式将学生的发言、教师的授课内容记录下来。更重要的是，人工智能语音识别可以利用文本技术对这些数据进行结构化处理。例如，自动提取师生互动时的关键词，根据课堂气氛的变化自动标记这些关键词，提取出有助于提升课堂氛围的词汇。与此同时，人工智能语音识别还能根据不同的互动情况提取能够调动学生学习积极性的词汇，这样一方面可以提高教师与学生的教学互动效果，另一方面也能够促使学生自主提高学习效率。

课堂活跃度与专注度

AI智慧教学系统可以利用教室中安装的摄像头收集上课数据，然后将这些数据上传到系统进行分析。后台程序一旦发现课堂气氛比较活跃或沉闷，就会将这个时间段的视频提取出来发送给教师，让教师通过观看视频分析出课堂气氛活跃或沉闷的原因。学生上课的专注度分析也是遵循这一原理，摄像头收集上课的数据，将数据传送至后台，后台程序一旦发现学生的专注度发生变化，就会将这个时间段的视频提取出来发送给教师，供教师分析原因。

课堂考勤

目前，在高等教育中，课堂出勤率不高的问题一直困扰着教师。为了保证学生的出勤率，教师不得不采用点名的方式查考勤。如果是公共科目之类的大班课，学生众多，一次点名要耗费很长时间，严重影响教学进度。另外，教师点名查考勤，还会出现学生代替答到的情况，导致考勤效果不佳。人工智能技术提供了有效的解决方案，人工智能可以对学生进行面部识别，识别出勤学生，统计出勤率，帮助教师节约查考勤的时间，切实保证学生的出勤率。

智能排课

学校可以利用人工智能技术实现智能排课。具体来说，就是利用人工智能技术持续整合、优化传统排课和分层走班排课的方式，找到最优的排课方式。另外，利用人工智能技术还能实现智能排课推荐。例如，学校可以借助深度神经网络算法，结合学生的兴趣爱好、历史成绩、评价数据、职业生涯规划等信息以及教师的教学质量评价数据进行智能排课。

学业诊断

利用人工智能技术可以为学生进行学业诊断。人工智能智慧教学系统可以通过动态采集、评价和分析学生的伴随式数据，结合线上线下测试手段，针对每一位学生的需求向他们推送学习资源，同时输出学业诊断报告和个性化学习方案。这既可以协助管理者全面监督学生的学习情况，又可以实现因材施教的理想化教学效果。

AI 教育的三大应用场景

目前，从 AI 教育的应用现状来看，AI 教育的应用场景大致有 3 种：虚拟学习助手、专家系统、商业智能应用。

虚拟学习助手

虚拟学习助手可以为学生提供助教陪练答疑、客服咨询等服务。借助虚拟学习助手，企业可以低成本地为用户提供标准化的服务，还能获得大量用户反馈的数据。

- **虚拟助教**。在教学过程中，助教的主要工作就是为学生答疑解惑，向学生发送提醒等，这些工作属于简单的脑力工作。因此，人工助教可以被虚拟学习助手取代。

- **虚拟陪练**。在提高学习效果方面，课后练习反馈发挥着非常重要的作用。同时，在教学的各个环节中，练习是数据化程度最高的一个环节，也是"AI+教育"领域的创业者选择最多的切入环节。因为学习的内容不同，所以需要的练习方案也不同。例如，理论性学科比较容易实现智能化练习，而艺术、运动等实践性学科想要保证练习效果，则需要借助智能硬件。

专家系统

专家系统的作用是利用数字化的经验与数据库解决过去只能由专家解决的问题。专家系统集成人工智能、大数据等先进技术，拥有自我学习能力和综合分析能力，可以实时获取新知识，不断更新自己的知识体系。专家系统可以帮助学生与学习机构进行诊断、预测与决策。目前，该领域的企业可以分为"生涯规划 + 教育"类和"智能批改 + 教育"类两大类。

商业智能应用

教育机构的组织运营离不开推广招生、教学、客户服务等核心环节。AI 可以从多个角度切入提高教育效率与效果。教育商业的智能化应用场景非常丰富，教育商业的智能化应用见表 5-1。

表 5-1   教育商业的智能化应用

应用领域	具体场景
基础设施领域	智能选址、校车管理、财务预测管理等
人力资源领域	教师招聘、人才培养与人才评估等
学校采购领域	采购软硬件与评估等
教学研发领域	教学方法的研究等
推广招生领域	招生平台、投放策略等
课堂教学领域	考试测评、教学辅助、作业批改等
客户服务领域	家长与学校沟通、班级管理、客户管理等

在商业智能化领域，企业的发展方向有运营支持和学情管理。

未来，科技创新与教研创新将成为人工智能发展的核心驱动。在"AI+ 教育"领域，自适应学习、虚拟学习助手、专家系统和商业智能应用 4 个方向隐藏着巨大的创业机会，亟待被挖掘。

基于智能代理的辅助教学

智能代理（Intelligent Agent）别名"智能体"，它可以根据用户提交的命令，通过智能化代理服务器主动为用户搜索其需要的内容，然后利用代理通信协议将处理后的信息按时推送给用户，精准预测用户的意图，从而自主制订、调整、实施工作计划。

智能代理的五大特性

智能代理最初由美国麻省理工学院研发，属于分布式人工智能（Distributed

Artificial Intelligence，DAI）研究的产物。目前，智能代理还没有确切的定义。不过，人们对智能代理的一般看法是它具有拟人的智能特性，主要表现为以下 5 种特性。智能代理的 5 种特性如图 5-2 所示。

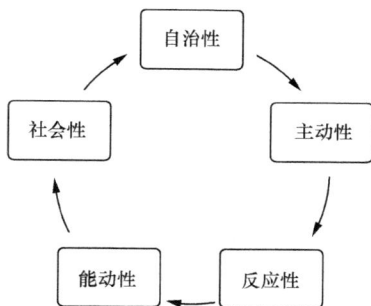

图 5-2　智能代理的 5 种特性

- **自治性（Autonomy）**。在没有人干预或没有其他智能代理干预的情况下，智能代理可以根据自身的意图、愿望、信念或习性在一定程度上控制自己的行为和内部状态。

- **主动性（Activity）**。智能代理具有主动适应和主动代理两大能力。智能代理可以在完成操作的过程中获得和表示两个方面的知识：一是关于操作对象的知识；二是关于用户愿望和喜好的知识。智能代理在获得这些知识之后，可以在以后的操作中利用这些知识。这样一来，只要当前状态符合一定的条件，不需要用户发出具体指令，智能代理就能自动完成一些操作。

- **反应性（Reactivity）**。智能代理可以接受用户委托，遵循自己的承诺，不仅能对周围的环境产生深刻的理解，还能根据环境的变化及时做出反应。

- **能动性（Pre-activeness）**。智能代理不仅可以对环境做出反应，还能在接受某些启动信息后实行获取信息、查询数据、传递消息、提取知识、执行命令、采取行动等有目的的操作。

- **社会性（Sociality）**。智能代理可以通过某种语言与人或其他智能代理进行信息交流。

教育智能代理的层次结构

教育智能代理涵盖了 3 个层级：数据层、算法层、服务层。教育智能代理的层次结构如图 5-3 所示。

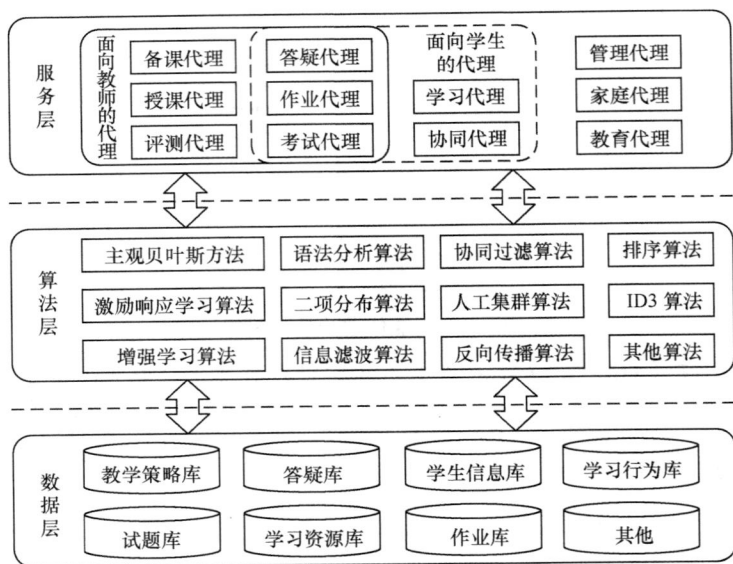

图 5-3 教育智能代理的层次结构

- 数据层位于最底部，主要为教育代理提供教学策略、教学行为、学习资源等数据。这些数据主要来自本地数据库或远程共享数据库。
- 算法层位于中间，是智能代理的核心，涵盖了很多与教育智能实践有关的算法，例如，主观贝叶斯方法、协同过滤算法等。
- 服务层位于最顶端，为教育活动参与者提供相关服务，例如，为教师提供备课服务、为管理者提供教学管理服务、为学生提供学习服务等。

基于智能代理的辅助教学

从教育对象层面来看，智能教育代理可以分为 5 类：面向学生的智能代理、面向教师的智能代理、面向管理者的智能代理、面向家庭的智能代理、面向整个教育的智能代理。具体功能介绍如下。

- **面向学生的智能代理**：以学生的学习兴趣和学习需求为依据，为其推荐个性化的学习资源、学习序列，制订个性化的学习计划，记录学习过程，自动向其推荐学习伙伴，支持其开展协同学习。

- **面向教师的智能代理**：辅助教师对学生的学情进行分析，根据学情自动备课，安排教学内容，选择合适的教学策略，对学习结果进行自主测评，自动解决学生在学习方面的问题。

- **面向管理者的智能代理**：提供身份验证，自动进行人员管理、学习数据管理，辅助管理者做好课程管理，为管理者提供数据分析服务。

- **面向家庭的智能代理**：辅助学生做好课前预习，自动发送作业提醒，定期组织家长培训，做好家长与学校的沟通工作。

- **面向整个教育的智能代理**：对上述所有智能代理的工作进行协调，构建一个完善的教育智能平台。

从整个教育过程来看，教师、学生、管理者、家长参与不同的环节，教师参与备课、授课、答疑、测评等环节，学生参与学习、作业、考试等环节，管理者参与教务管理等环节，家长参与教学配合等环节。针对这些环节产生了不同类型的智能代理。面向教育过程的智能代理见表5-2。

表5-2　面向教育过程的智能代理

对象	名称	功能
教师	备课智能代理	学情分析,根据学生的学习风格与需求选择教学资源、教学策略,规划教学过程,自动备课
	授课智能代理	提供教具，实时跟踪与反馈学生的学习情况，提供合理化的授课建议
	答疑智能代理	接收问题，建立问题库，自动回答问题，将典型问题传送给教师，帮教师解决疑惑
	作业智能代理	编辑、收发作业，自动测评作业，并分析结果
	考试智能代理	辅助教师设置题目，按照考试规则自动编排考试试卷、发布试卷、收取试卷，监督整个考试过程
	测评智能代理	自动测评与分析试卷，将考试成绩发送给学生，并向其发送相关知识点

（续表）

对象	名称	功能
学生	学习智能代理	明确学生的学习风格，根据学习风格与学习需求为其提供个性化的学习服务，包括向学生推荐个性化的学习资源、学习序列，帮助学生制订个性化的学习计划，为学生提供学习建议，记录学生的学习过程，生成动态的学习文档
	协同智能代理	向学生推荐学习伙伴，参与讨论，组建学习小组
	答疑智能代理	提出问题、回答问题、查询答案
	作业智能代理	接收作业、完成作业、提交作业、查看已经评阅的作业
	考试智能代理	参加考试，提醒考试时间，提供考试辅助工具，提交试卷，查看考试成绩
管理者	教务智能代理	提供身份验证，进行人员管理、教学数据管理，为课程管理提供辅助
	事务智能代理	制订教育章程，宏观调控学生的学习进程和教师的教学过程
家长	家庭智能代理	配合学校的教学活动，辅助学生做好课前预习，自动发送作业提醒，组织家长培训，做好家长、学校沟通工作

智能导师系统的应用

ITS 是 AI 教育领域的重要应用，是计算机辅助教学的进一步发展。ITS 的主要目的在于为学生创造一个良好的学习环境，让学生可以方便地取用各种资源，提高学习效率。目前，ITS 的构建主要依靠智能主体技术，通过建立教师、管理者、学生等主体，根据学生的特点制订并实施教学策略，为学生提供个性化的教学服务。

20 世纪 20 年代，美国心理学家西德尼·普雷西（Sidney Pressey）为了给学生提供练习，专门开发了一台智能机器。尽管这台机器并不是非常"智能"，但它开创了 ITS 研究的先河。

计算机辅助教学（Computer-Aided Instruction，CAI）系统是 ITS 的前身。CAI 系统最早出现在 20 世纪 50 年代，当时主要采用程序教学，其程序教学需要遵循两个步骤：一是 CAI 系统要明确学生需要掌握的知识和技能；二是 CAI 系统要根据教学目标逐步形成教学内容。CAI 系统的程序教学存在许多弊端：一是它根据教学内容和教学策略编制顺序执行，相当于事先确定好了具体的运行过程，不能再根据学生的学习情况及时调整教学策略；二是这种程序教学不能实现个性化教学。

20世纪60年代，科学家们向CAI引入分支程序概念，提高了计算机在教育领域的应用价值。随着新系统的应用，学生可以根据自身特点选择学习内容，并能在一定程度上决定自己的学习路径，这为个性化教学提供了"走上教育舞台"的机会。20世纪70年代，传统的CAI系统迎来了大变革，随着人工智能技术的引入，智能计算机辅助教学（Intelligent Computer Aided Instruction，ICAI）系统出现。

20世纪90年代以后，多媒体技术迅速发展，计算机与人类的交流变得更便捷，图像和声音成为计算机与人类交流的主要方式，这加快了学生的学习速度。计算机网络技术的迅速发展为ITS与网络技术的结合提供了条件。不久后，科学家们又研发出基于计算机网络的远程ITS。

作为智能化教学的一个分支，ITS通过模拟专家解决教学中的问题来实现计算机辅助教学。目前，在ITS领域，以互联网为基础的分布式ITS是最新的发展方向，它将分布在不同地区的学生聚集在同一个虚拟的网络平台上共同学习，充分利用网络资源，发挥学生的主观能动性，切实提高教学效果。

ITS的主要功能

ITS正在以人工智能技术的发展为契机不断深化和完善自身功能。相关文献介绍，ITS主要包含以下四大功能。

- **自动产生问题求解方案**。安装ITS的计算机能够自动对问题求解，同时可以向学生展示解题过程，提示解题要点，帮助学生提高解题能力。
- **表示学生的知识获取过程**。ITS可以采集和展示学生的学习过程，例如，知识的建构过程等，同时还能为学习诊断提供数据，完善学生的学习模型。
- **诊断学生的学习活动**。ITS能发现学生学习过程中的优点和不足，具有评价学生学习过程和效果的功能。
- **及时为学生提供学习建议和反馈**。ITS在诊断和评价学生学习的过程和效果之后，能够及时给予学生反馈，为他们提供个性化的学习建议和学习资源。

🎓 基于ITS的个性化教学

一个典型的 ITS 主要由 3 个部分构成：领域模型、学生模型、导师模型。这 3 个部分被称为"三角模型"。

领域模型又称为"专家知识"，涵盖了学习领域的基本概念、规则与问题解决策略，一般用层次结构、框架、语义网络、本体、产生式规则等形式表示，主要负责知识计算和推理；导师模型决定学习活动和教学策略；学生模型动态描述学生在学习过程中的认知风格、能力水平和情感状态。

事实上，ITS 的导师模型、学生模型和领域模型正是教师、学生、教学内容这教学三要素的计算机程序化的实现。ITS"三角模型"如图 5-4 所示。

其中，领域模型是基础，导师模型是桥梁将领域模型与学生模型连接在一起，辅助教师做出适应性决策，为学生提供个性化学习服务。导师模型基于领域模型中的知识与推理，以学生模型反馈的学生当前的知识技能水平与情感状态为依据做出适应性决策，为学生提供个性化推荐服务。ITS 的个性化学习服务原理如图 5-5 所示。

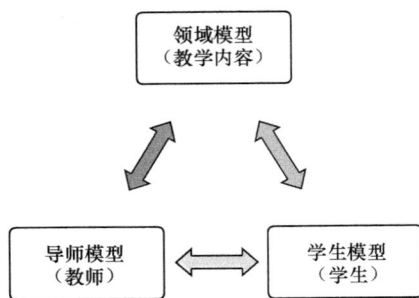

图 5-4 ITS "三角模型"

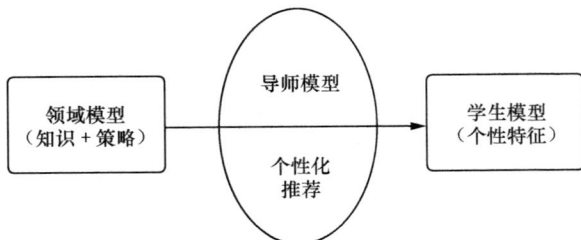

图 5-5 ITS 的个性化学习服务原理

ITS 充分尊重学生的个性化特征，深入分析学生的学习风格、兴趣、特长等内容之后，提供能够满足其个性化学习需求的服务，包括学习路径、学习资源、学习伙伴等。

ITS与情感感知

近几年，情感、元认知、动机等领域的研究受到高度关注。神经科学、心理学、认知科学、教育学等领域的研究均证明，情感状态会对学生的学习效率与学习态度产生影响。消极的情感状态会对学生思考产生阻碍作用，积极的情感状态会对学生解决问题、创新的能力产生推动作用。但在 ITS 中，情感缺失一直是一个突出问题。

ITS 具有双重特性，它不仅是一个知识学习的帮助系统，也是一个情感支持系统。ITS 应该具备像人类教师一样的情感和作用，这样一方面可以通过学生的情感预测他们对知识的了解和掌握情况，通过分析得出学生所处的学习状态，例如，学生是处于愉快的学习氛围中，还是处于紧张的思考中；另一方面 ITS 还能利用眼球追踪、生理信号采集等技术实时分析和理解学生的学习情感，通过恰到好处的情感激励适时调整学生的情感，帮助学生提升学习兴趣，克服学习中遇到的困难，弥补自身的不足。

例如，ITS 通过与学生交流互动，对学生的情感状态进行感知、识别、调节、预测，通过传感器获取学生情感来源（例如，面部表情、眼神、声音等）的数据，然后利用人工智能技术与方法，结合心理学、认知科学等领域的知识对其进行情感推理，这种方法也被称为情感识别或情感计算。研究表明，在情感调节方面，ITS 与学生对话的方式是非常有效的。

第6章 智能管理：AI 赋能智慧校园建设

AI 智慧校园管理系统

智慧校园的核心是利用计算机网络技术实现知识、信息的资源共享，秉持传承、分享、合作的精神，意在打造一种智能化、数字化、网络化相融合的，集新型研究、学习、教学于一身的教育环境。总之，智慧校园是一种将学校的管理活动、教学活动与信息技术全面融合的信息化教育基地。

1990 年，美国克莱蒙特·麦肯纳学院教授肯尼斯·格林（Kenneth Green）发起了一项大型科研项目——"信息化校园计划（The Campus Computing Project）"，从此，"数字校园"的概念被搬上历史舞台。从 20 世纪 90 年代起，我国部分高等学校为了进行教育改革，会在教学过程中利用各种先进的信息技术，由此引发了一系列大范围的信息建设活动，这促使信息技术在教育领域的应用得到了快速发展。在此基础上，"智慧校园"的概念深入人心。

智慧校园的主要特征

智慧校园的四大特征如图 6-1 所示。

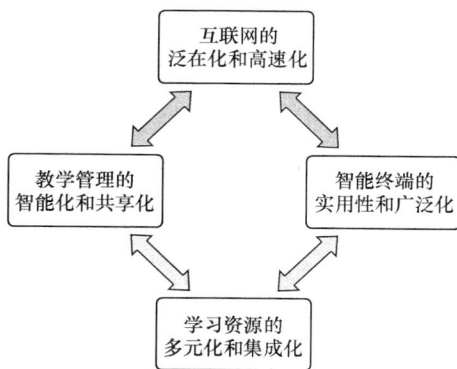

图 6-1　智慧校园的四大特征

1. 互联网的泛在化和高速化

随着信息技术的不断发展，教育工作越来越离不开网络支持。利用网络技术建设智慧校园，是当前教育行业的发展趋势。而建设智慧校园的目的究竟是什么呢？实际上，其目的是在校园内打造一个可实现物与物、人与物、人与人随时随地交流互动的网络基础环境，或者说是为学校师生打造一个全面、高速的可视化的感知环境。

2. 智能终端的实用性和广泛化

打造智慧校园不仅需要人工智能、互联网、大数据等多种技术的支持，还需要智能终端设备逐渐渗透教育环境的各个角落。更重要的是，要借助这些技术和设备建立校园数据信息平台，让校内的各种数据信息实现集成化、数字化的处理和应用，同时为学校师生提供移动、便捷、智能化的个性化服务，让他们获得良好的教学和学习体验。

3. 学习资源的多元化和集成化

通过人工智能和云计算技术对校园内各种数据信息进行综合整理和运用，形成物与物、人与物、人与人之间的双向互动。同时，利用校园数据资源构建丰富、集成化的学习资源，并基于每一位学生的特征，向他们推送个性化的学习资源；根据学生的不同情况和学习需求，制订具有针对性的教学策略，实现因材施教的教育理念。

4. 教学管理的智能化和共享化

在互联网、人工智能、大数据等技术的支撑下，学校的学习环境、教学资源、教学服务、教育管理等方面将全面实现数字化，这也是智慧校园的标志。建设智慧校园需要打造信息服务平台，这是营造良好教育环境和智能感知环境的保障。校园信息服务平台可以为学校师生提供定制化、个性化的服务，加强师生之间的互动。除了要打造校内信息服务平台，还要在校园与外部环境之间建立一条有效的交流渠道，为校园发展提供新鲜血液。

智慧校园的建设思路

在人工智能时代建设智慧校园可以参照以下基本思路。

1. 普及

新时期，我国在制定人工智能发展规划时提出了这样一个观点，即要推行全民智能教育，同时还要开设与人工智能、物联网、云计算等相关的课程。而要实现这一切，需要充分结合我国教学改革的现实需求，创建人工智能的教学环境，不断提高教师队伍的质量和水平，利用先进的技术强化教学效果，促进人工智能在学生课程中的全面普及，增加教师和学生的人工智能知识储备。

2. 融合

新时代，国家与国家之间的竞争主要是科学技术的竞争，尤其是在人工智能技术上的竞争。因此，我国要紧抓人工智能的发展机遇，将人工智能技术作为建设智慧校园的重要支撑。具体来说，就是要将人工智能技术应用在建设智慧校园的各个环节，包括校园评价、服务、教学和管理等，同时要充分发挥人工智能的技术优势，挖掘校园数据信息的潜在价值，这样一方面能够提高教师的教学效率，另一方面也能提升校园的管理水平和生活服务水平。

3. 创新

人工智能技术对我国传统教育生态环境带来了巨大冲击，在带来机遇的同时，也带来了很大挑战。随着人工智能技术的不断发展，智慧校园也实现了创新发展。在新技术的冲击下，智慧校园衍生出了新内涵。2020年，我国全面推进智慧校园建设，彻底打破固有的教育生态，要以人工智能技术为动力引擎，持续促进校园功能的创新发展，加快推进传统校园向智慧校园转型。面对全新的教学要求，学校要树立正确的发展观念，有针对性地制订建设方案，以科学技术为依托，汇聚众人的智慧来打造智慧校园。

智慧校园整体解决方案

1. 校舍安全

智能校园管理系统可以和门禁系统连接在一起，通过对门禁系统进行统一管理、远程管理与精准管理，且与电源管理系统相配合，实时掌握房间及房间内各项设施的使用情况、学生回寝室的情况，使宿舍管理水平得以切实提升。

2. 室内照明管理

智慧校园管理系统可以根据室内光照情况调节室内的光照色温，使室内光照恒定、均匀，为学生创建一个舒适的学习环境，有效保护师生的视力。另外，该系统还可以根据不同的教学情况设置不同的光照模式，例如，读写模式、视频播放模式等；还能接入后台大数据平台，为多种系统提供支持，推动各项功能落地，延长公共设备的使用寿命，节约设备的维护成本。

3. 多媒体设备管理

智慧校园管理系统可以整合教室内的计算机、投影仪、投影幕布、触控一体机等设备，远程监控这些设备，保证所有设备都可以安全关机，使校园管理更高效、更节能。另外，该系统还能解决传统多媒体设备各自为政、集成复杂、无法统一管理、管理功能单一等问题。

4. 会议室 / 报告厅管理

过去，在召开会议或讲座时，会议室或者报告厅必须安排专人负责管理预约登记、到会通知、人员签到，以及调节照明、空调和投影仪等事宜。在引入智慧校园管理系统之后，该系统可以远程管理门禁、考勤、电源、多媒体设备，让会议室或报告厅实现无纸化管理、在线预约式管理，不仅能实现传统报告厅专人管理的所有功能，还能实时掌握会议室的使用情况，对其他部门提供预约指导。

同时，智能管理系统可以降低"共享会议室"的管理成本，提高会议室的利用效率。具体来看，会议室、报告厅的智能管理系统主要包括会议预约、到会通知、人员签到、室内场景控制等功能。

5. 实验室管理

实验室管理是校园管理的重点与难点。实验室管理主要包括贵重设备管理、有毒气体管理、实验环境维护等工作，对管理人员的维护能力、管理能力提出了较高的要求。在物联网技术的支持下，智能校园管理系统可以降低管理成本，实验室管理可以实现实验室门禁管理、实验室设备管理、重点实验原料的监控管理、实验室安全报警、实验室环境自反馈调节、实验室电器供电管理、实验气体泄漏管理等。

6. 停车管理

通过在车位上安装地磁车辆探测器等设备可使校园停车实现智能化管理，包括自动获取空余车位的数量与位置，为司机提供停车引导，规划停车路线，提前告知司机空余车位的位置，主动向司机推送停车时长等。智能校园管理系统与校园现有的道闸系统连接，还可以实时获取车辆出入校园的照片信息。

7. 公共照明管理

使用智能断路器对配电箱的电源接入进行改造，利用单灯控制器对单个路灯的供电系统、校园照明系统进行智能化改造，使其具备一体化控制、策略控制、远程单独控制、智能联动控制等功能。一旦发生安全事故，相关系统会直接将报警信息推送到监控中心与相关负责人的智能终端上，做到实时监控、准确定位、快速响应。

8. 图书资源管理

学校的图书馆是学校品质的微缩，现代学校除了纸质图书的智慧管理，还有电子资源，它们共同组成师生的学习资源，这些资源的分类共享管理会为师生提供更加便捷的学习环境。

9. 教学管理

教学是学校工作的核心，智慧校园管理系统需要把选排课、学生社团、教师教研、作业管理、考试管理、课堂管理、成绩管理、学生成长档案等统一起来，真正起到减负提质的作用。

基于人脸识别系统的校园监控

作为一种生物识别技术，人脸识别主要是以人的脸部特征信息为基础进行身份识别。人脸识别也被称为人像识别、面部识别，它能通过摄像机采集含有人脸的图像或视频，检测和跟踪图像或视频中的人脸，对检测到的人脸进行技术性识别。

20世纪60年代，人类开始研究人脸识别系统。20世纪80年代以后，随着计算机技术和光学成像技术的发展，人类对人脸识别系统的研究取得了一定进展。20世纪90年代后期，人脸识别系统开始进入初级应用阶段，这个阶段研究该系统的国家以美国、德国和日本为代表。

人脸识别系统能否成功，关键在于核心算法的优势。系统只有配备了顶级的核心算法，拥有足够的识别率和识别速率，才能真正实现人脸识别。人脸识别系统是多种专业技术的集合体，其包含的技术和理论有人工智能技术、机器识别、机器学习、模型理论、专家系统、视频图像处理等。人脸识别需要结合中间值处理理论，实现中间值处理计算，它是生物特征识别的最新应用。

人脸识别系统的组成部分

人脸识别系统主要由人脸图像采集及检测、人脸图像预处理、人脸图像特征提取、人脸图像匹配与识别4部分组成。人脸识别系统的四大组成部分如图6-2所示。

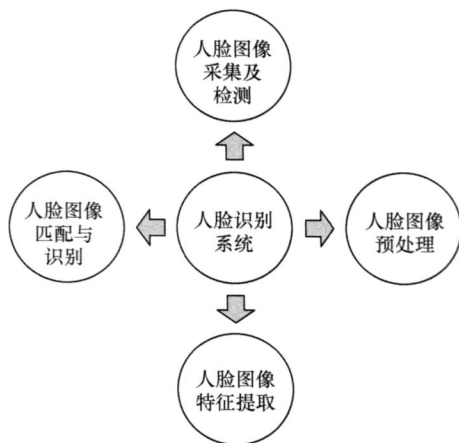

图 6-2　人脸识别系统的四大组成部分

1. 人脸图像采集及检测

人脸图像采集：利用人脸识别系统的摄像头可以采集动态、静态、不同位置、不同表情的人脸图像。使用者只需将人脸识别系统的摄像头对准被拍摄对象，或被拍摄对象自主走入摄像头的拍摄范围内，摄像头就会自动搜索并拍摄该对象的人脸图像。

人脸检测：这是一种为人脸识别预处理服务的检测技术，它能准确标出图像中人脸的具体位置和大小。人脸图像包含直方图特征、颜色特征、模板特征、结构特征及 Haar 特征等多种模式特征，通过在这些特征中挑选有用信息实现人脸检测。

2. 人脸图像预处理

人脸检测结果是人脸图像预处理的基础。人脸图像预处理是一种根据人脸检测结果对图像进行预先处理的过程，主要用于人脸图像的特征提取。人脸识别系统获取的原始图像通常不能被直接使用，因为这些图像存在各种条件限制和随机干扰，在被使用之前必须进行灰度校正、噪声过滤等预处理。人脸图象预处理可以采用的方法有光线补偿、灰度变换、直方图均衡化、归一化、几何校正、滤波和锐化等。

3. 人脸图像特征提取

人脸识别系统主要提取人脸的视觉特征、像素统计特征、人脸图像变换系数特征、人脸图像代数特征等。人脸识别系统针对人脸的各种特征采用不同的表示方式，这一过程被称为"人脸表征"，是对人脸进行特征建模的过程。

4. 人脸图像匹配与识别

人脸识别系统的数据库存在很多人脸特征模板，将获得的人脸特征数据与模板匹配，当相似度达到阈值后，系统就会自动输出匹配结果。简单来说，人脸识别就是将需要识别的人脸特征与人脸特征模板做比较，当达到一定的相似度后，就可以判断人脸的身份信息。人脸图像匹配与识别包含两个过程：一是确认，即一对一比较图像的过程；二是辨认，即一对多匹配图像的过程。

基于人脸识别系统的校园安全监控

近年来，智能分析技术发展迅速，人工智能技术逐渐成熟并得到广泛应用。为了弥补监控工作的不足，视频监控可以与 AI 智能分析技术相结合，利用智能手段对监控图像进行定位、传输、识别、跟踪等多种处理，整个过程不需要人工干预。这种方式不仅可以完善安保系统，还可以及时、有效地处理突发状况，为企业或个人减少不必要的损失。

如果将 AI 智能分析技术应用于校园视频监控，则可以为校园安保人员减轻工作负担，例如，减轻他们校园常规检查的工作量等。AI 智能分析技术的引入可以减轻安保监控流程的枯燥，以较快的速度从大量监控视频中筛选出有效信息，帮助安保人员在极短的时间内发现问题。人脸识别技术在学校安保工作中的七大应用场景如图 6-3 所示。

1. 校园出入口管理

校园出入口管理需要具备两大特性：一是安全性，二是及时性。因此，学校可以将动态人脸监控预警系统用于校园出入口管理，提升校园出入口管理的安全性和及时性。动态人脸监控预警系统可以起到两大作用：第一，它能利用人脸识别技术对陌生人、外来人员进行风险评估；第二，它能对被列入"黑名单"

的人员进行风险预警。

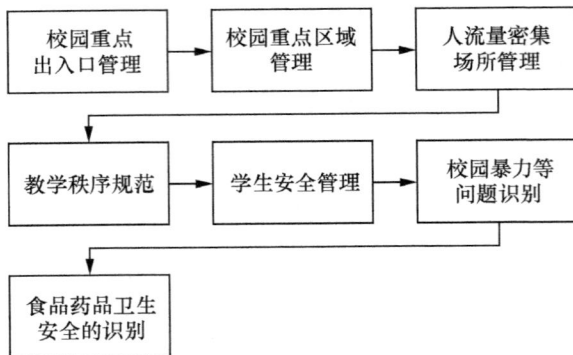

图 6-3　人脸识别技术在学校安保工作中的七大应用场景

学校是培养人才的地方，因此学校的安全是至关重要的。为了消除社会犯罪行为对学校的影响，校园管理者有必要对出入学校的人员进行安全检查，消除校园安全隐患。校园管理者可以在校门出入口、学生宿舍出入口、教学楼出入口等重点关卡安装人脸识别摄像机，利用人脸识别技术实时检测和识别出入人员的身份。学校还可以与公安部门合作，将学校的人脸识别系统与公安部门的数据库连接。当人脸识别系统识别出通缉人员、犯罪嫌疑人等之后，就会立刻自动报警，同时在第一时间给安保人员发送提醒信息，帮助他们提前做好防控工作。此外，学校还可以利用人脸识别系统识别和管理接送学生的人员和车辆，借助微信、电话等方式与学生家长进行实时互动，做好学生接送时的安全防护工作。

2. 校园重点区域管理

近年来，校园安全事件时有发生。学校安保人员数量有限，很难对每个区域做到严防死守。如果学校能在围墙、楼道口、楼顶、实验室等地方设置摄像头，建立"虚拟界限"，利用人脸识别技术跟踪拍摄和自动识别有活物的区域，并及时向安保人员发送预警消息，推送实时画面，就能够大幅提升校园的安全性。如果在学生进入危险区域之前，或者在外来人员非法闯入校园之前，安保人员能够在第一时间收到人脸识别系统的提醒，就能提前进行人为干预，让事件向着可控的方向发展。

3. 人流量密集场所管理

学校的人口密度比较大，上学、放学、课间操、课外活动等人流量高峰时段经常存在安全隐患。一些寄宿制学校在放假和开学期间的人流量和车流量往往能达到顶峰，安全隐患更多。因此，校园管理者可以将人脸识别系统用于关键区域，对人员密集区域进行"人数计算"，同时辅以姿态识别技术，对摔倒、刷蹭、追尾等意外事故和超出环境承载力的情况进行提前预警。同时，学校还可以利用人工智能技术为安保人员提供应急处理方案，方便他们进行事前参考。我国广东省等地在春运期间尝试引入智能监控流量技术，而且在安全防护上取得了不错的成绩。如果将这套技术引进校园，就能有效避免校园安全事件。

4. 教学秩序规范

一方面，学校可以在教室前设置人脸识别落地式终端或人脸识别壁挂式终端，监控学生迟到、早退、逃课等现象，提高考勤效率，弥补传统考勤方式的漏洞；另一方面，学校可以将人脸识别终端设置在考场入口，核验考生身份，防止替考现象发生，让遗失或者忘记携带准考证的考生正常入场。

5. 学生安全管理

在中小学阶段，有时会出现学生逃课前往网吧、游戏厅等未成年人不宜进入的场所。学校和教师无法实时监管这一部分学生，面对这种情况，学校可以借助人脸识别系统及时发现逃课学生。一旦出现学生空位的情况，人脸识别系统就能在第一时间提醒学校和教师。另外，人脸识别系统可以精准报告学生的出勤情况，包括缺席的人数、缺席者身份、缺席时间段等，方便学校和教师管理学生的外出情况，避免发生校外安全事故。

6. 校园暴力等问题识别

校园监控除了人脸识别，也可以加入对表情、行为、姿态、唇语的识别，利用全方位的识别体系监测和预防校园暴力、校园欺凌等行为。为了做到这一点，学校需要建立有暴力倾向的特征识别模型。该模型的建立需要相关机构调查研究有校园暴力史的学生，例如，利用人工智能系统分析这些学生的说话语气、家庭背景等,还可以识别社交媒体语言。学校在基于这些特征建立起相应的模型之后,还要验证模型的可行性。学校在完成较高精度的验证后才可以用于对校园暴力、校园欺凌的监控。

7. 食品药品卫生安全的识别

学校的卫生安全也是校园安保的重点。学校的食品、药品、饮用水一旦出现问题,就会对学生和教师造成直接伤害。如果学校可以将人工智能技术用于食物管理,并识别管理者的特征,就可以有效避免学生食物中毒事件。

第 7 章　智能测评：AI 智能测评系统应用

AI 自动化教育测评系统

在教学活动中，评价是一项非常重要的内容。AI 自动化教育测评系统的出现颠覆了传统的评价方法与形式，它可以提供客观、一致、高效、高可用度的测评结果，实现实时反馈，减轻教师的工作负担，辅助教师做出科学的教学决策。

ICT技能与程序作业的自动化测评系统

在计算机教育方面，信息通信技术（Information and Communications Technology，ICT）技能培训与程序设计是一项重要内容。在信息时代，ICT 技能是人们必备的基本素养。在文字编辑、演示文稿与网页制作、邮件收发、电子表格数据处理等技能培训过程中，ICT 自动化测评系统构建的信息模型通过获取信息、知识推理、综合评价，对用户的操作行为进行动态跟踪，对操作过程进行诊断、评价、反馈，大幅提升了学习效率。

计算机程序设计可以培养学生的计算思维，这门课程的作业需要学生上机操作完成。程序设计语言有自己的语法规则。动态程序测评可以获得程序的编译信息与运行信息，对程序行为和功能进行分析，从程序功能与执行效率出发进行综合评价。

　　静态程序测评的评价过程包含三步：第一步，提取程序代码信息；第二步，利用中间形式将程序表示出来，对程序所有可能的执行路径与结果进行预测；第三步，利用知识发现技术对程序进行评价。目前，Java、C/C++、Python、Pascal、汇编语言、脚本语言和数据库查询语言等都已经实现了自动化测评。

自动化短文评价系统

　　目前，很多标准化测试都要求进行短文写作。自动化短文评价系统利用自然语言处理技术和机器学习对短文进行计算分析，理解其语义。

　　ETS一直致力于测评理论、测评方法和测评技术的研究，其在自动化测评领域的研究成果位居世界前列。目前，ETS已经可以对语音、短文、数学等方面的考试进行自动化评价与反馈。

　　在ETS研发的各种自动化测评产品中，Text Evaluator是一款基于Web的全自动化技术，可以为选取考试使用的文本段落提供辅助。Text Evaluator超越了传统句法的复杂性与词汇难度的可读性维度，为内聚性、论证水平、学术导向、具体性、交互式对话风格、不同叙述程度引发的复杂性变化提供有效的解决方案。

　　另外，ETS还研发了一款可以对学生作文进行自动评分与反馈的应用——E-rater。在设定好评价标准之后，学生可以使用E-rater对自己的写作技巧进行评估，以便更好地改进；教师可以使用E-rater鼓励学生培养自己的写作技巧，为学生提供有建设性的反馈意见。E-rater不仅可以给短文打分，还能为学生提供一份完整的短文诊断报告，这份报告涵盖了语法、写作风格、组织结构等多个方面的内容。

自动化口语测评系统

　　自动化口语测评是指利用语音识别等技术对多种语言的口语语音进行自动化测试与评价。目前，语音识别技术在教育测评中的应用主要在英语口语测评方面。在用户跟读的过程中，软件可以对其英语发音进行测评，找到用户发音不准确的地方，用户通过反复测评达到口语训练的目的。

在英语口语测评方面，ETS 的 Speech Rater 引擎是应用范围最广的一种测评引擎。Speech Rater 最显著的特点就是开放性，执行测评任务时不需要限定测评范围与对象。该引擎可以提升学生的口语发音、语法熟练度、口语交际的流利度。

Speech Rater 引擎使用自动语音识别系统处理每个响应，非常适合母语为非英语的学生使用。至于输出结果分析，Speech Rater 使用了自然语言处理和语音处理算法，可以从多个维度描述语音特征，包括发音、词汇使用、韵律、语法的复杂性等，通过描述进行口语测评，从而得出测评结果，提交反馈意见。

机器命题：提高命题效率

从本质上看，教育测评是一种用科学的方式对虚拟的能力、素质、心理特质等进行量化，将学生这种特质的发展水平用一种科学的方法表示出来。传统测评包含 3 个环节：一是命题，二是答题，三是评分。人工智能应用于教育测评后，这 3 个环节就会发展为机器命题、机器答题和自动评分。

传统的命题方式一般是由学科专家或专业的命题人员根据考试目的设计，测评效果在很大程度上取决于命题质量。从内容层面来看，试卷上的试题应该是所有需要考评内容的代表性抽样。试卷难度应该根据测试目的确定，如果是选拔性考试，试卷难度应该稍高，达标考核的难度则要根据相应的标准确定。

随着在线学习系统与计算机自适应系统不断发展，考试命题需要的试题数量越来越多。假设一次传统的笔试只需要 50 道题，自适应考试为了给每位考生发放不同的试题，所需试题数量会成倍增加。再加上在线学习系统与自适应考试的测试频次比较高，所需试题数量就会越来越多。传统人工命题不但耗时长、成本高，而且错误率也比较高。

机器命题恰好可以解决这些问题，它可以提高命题效率，节约命题成本，消除试题被泄露的风险，提高考试的安全性。基于这些优点，在过去的十多年里，机器命题实现了快速发展。机器命题的模型有两种，一种是强理论模型，另一种是弱理论模型。

强理论模型

强理论模型指的是在扎实的认知理论的基础上命题。以数学题为例，解答数学题一般需要问题提炼能力、数学表达能力、运算执行能力等几大能力。通过对一组类似试题的考生作答数据进行分析，测量学专家可以对这类试题每个步骤的难度及这个步骤在整个题目中的权重做出精准计算。之后，计算机就可以自动替换题目中的几个元素，生成一道新题。以母题为基础，新题可以呈现出非常多的变化，新题的难度也可以得到有效控制。

弱理论模型

基于弱理论模型的命题流程大致如下：命题专家先确定母题，对母题进行全方位解析，形成多层次的题目模型。具体来说就是将题目分解成背景、内容、问题、辅助信息、选项等几大部分。之后，专家确定可以替换的元素，将母题交给计算机处理。计算机收到母题之后，会先分析专家确定的可替换部分的文本难度、问题难度，再从语料库、数据库中搜索合适的内容进行替换，生成新题。通过这种方式生成的新题与母题非常相似，难度也不会发生较大的改变。

现阶段，机器命题多用于英语、数学两大学科，尤其是英语的语法题与阅读理解题。例如，Item Distiller 软件被用来为语法题命题，EAQC 软件被用来为阅读理解题命题。

机器命题虽然有很多优点，例如，可以节约命题成本、提高命题效率等，但也存在一定的缺陷：首先，在机器命题之前，需要人类命题专家选择母题，并对母题进行分析；其次，在设计干扰项方面，机器只会根据母题模板生成干扰项，不会根据题目特点进行灵活设计，比较死板；再次，简答题等开放性问题的答案设计需要另外选取模型，因此这类问题很少使用机器命题；最后，机器命题对语料库有较高的依赖，英语的语料库发展速度较快，计算语言学的研究完成了对词的难度、词距离的量化的工作，为机器命题提供了有效支持，但有些语言没有成熟的语料库，无法进行机器命题。

自动评分：AI 阅卷与批改作业

这里讨论的"评分"指的是由教师为口语考试、作文题、简答题等开放式问题进行打分的行为，不包括扫描仪通过读取答题卡评分。在传统的评分模式下，这些开放式问题评分耗时耗力，如果可以使用机器自动评分，就可以在很大程度上节约时间与成本，大幅提升评分效率。

自动评分的三大步骤

目前，国内外已经出现了一些比较成熟的自动评分软件。这些自动评分软件不仅可以评分，还可以根据评分模型提出改进建议。一般来讲，自动评分包含以下三大步骤。自动评分的三大步骤如图 7-1 所示。

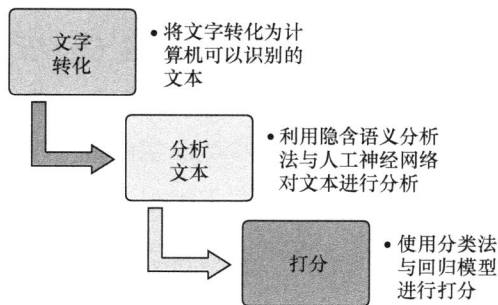

图 7-1　自动评分的三大步骤

第一步：文字转化。将题目及答题者手写的文字转化为计算机可以识别的文本，这一步需要用到自然语言处理系统。目前，一些中文软件已经可以完成这一步。

第二步：分析文本。常见的文本分析方法有两种，一种是隐含语义分析法，另一种是人工神经网络。隐含语义分析指的是将被测试者的回答转化成数字矩阵，对其与标准答案矩阵之间的差距进行计算，这种方法多用于为简答题打分。如果是文字比较多的题目，例如，作文就要使用人工神经网络寻找文本特征（例如，关键词出现频率、连接词出现频率、复杂句式出现频率等），再根据这些文本特征打分。为了保证机器打分的科学性、客观性，机器需要学习由专家完成评分的答案，每种分值都要学习足够数量的案例，从中发现特征与规律。

第三步：打分。打分有两种方法，一种是分类，另一种是回归。如果题目的分值为 0～5 分，就可以使用分类法打分。计算机将测试者的答案和已经学习过的不同分值的答案进行对比，将其归入最接近的一组，完成打分。如果题目的分值比较高，例如，高考作文的分值为 60 分，就要使用回归模型，通过学习大量由专家完成打分的案例建立回归模型，将新的文本特征作为自变量 X，通过回归模型计算出最终得分 Y。

自动评分技术的场景应用

1. 基于 AI 技术的智能阅卷

从传统的纸笔阅卷到网上阅卷，再到现在的机器智能阅卷，人工智能为"阅卷难"提供了有效的解决方案，大幅提升了阅卷质量与阅卷效率。

在人工智能技术的支持下，工作人员对试卷进行数字化扫描、格式化处理，将文字内容转化为机器可以识别的信号，让机器按照人类专家制定的评判标准进行自动化阅卷。另外，机器还能自动检测出空白卷、异常卷，自动生成最终的评阅报告与考试分析报告。这种方式在很大程度上提高了阅卷的效率，原本需要 3 个月才能完成的阅卷任务，现在只需要一个星期就能完成，而且阅卷结果更加公平、公正。

2. 自动化批改作业

人工智能不仅可以阅卷，还可以批改作业、备课，减轻教师的负担。随着语音识别与语音分析技术的不断发展，机器可以识别简单的文义语法，自动纠错，甚至还可以提出修改意见，让自动批改作业有了实现的可能。

美国加州伯克利大学研发的 Gradescope 简化了作业批改流程，将教师从繁重的批改工作中解脱出来，专注于教学反馈。目前，Gradescope 已经被 150 多家知名学校引入并使用。美国实时数学学习效果评测网站 MathodiX 利用算法对学生的每个答题步骤进行检查，并做出反馈。美国 ETS 利用人工智能技术批改 SAT 和 GRE 考试中的论文，让机器和人一起阅卷。

虽然机器人阅卷、批改作业的理想已经成为现实，但教育需要尊重异质思维。面对同一个问题，不同的学生会给出不同的答案。对于这类问题，机器人在阅卷时难免会有一定的局限性。因此，在现阶段，机器人阅卷更适合客观题，不适合主观题。

最初，人类发明教育机器人的目的是辅助教师做好教学工作，但最终教师或许会成为教育机器人的辅助者。在这个过程中，考试、学习、教学、管理这个流程将不断被重构。

大数据时代的教育测评变革

目前，人工智能在答题、命题、评分等领域的应用被持续推进。但很多研究者认为，这些应用并未使测评的基本内容与形式发生改变，只在降低成本、提高效率方面发挥了一定的作用。近年来，在线学习平台快速发展，积累了一定规模的数据，可以为研究者的研究、探索提供一定的支持，打破原有的测评方式，例如，使用学习过程中产生的行为数据完成测试等。研究者在此基础上开创了一个全新的领域——分析测量学，即不需要凭借传统的考试，只通过大数据分析就能完成学生测评。

目前，在分析测量学领域，墨尔本大学教育学院的研究团队已经开始进行探索，该团队通过对学生在一项游戏化学习过程中产生的 1600 多个行为数据进行分析，对学生合作解决问题的能力、创新领导力、批判性思维能力等素养做出了有效测评。

分析测量学遵循了测量学的基本逻辑：第一步，建立理论框架；第二步，以学科与认知理论为基础创造新命题，也就是通过数据挖掘找到相关度较高的信息；第三步，通过传统的命题思路赋予这些数据实践意义；第四步，将理论与数据结合在一起并对不同行为进行评分；第五步，使用测量学模型对被测试者的能力进行评估。这种分析测量将颠覆传统的测试场景、命题方式与评分方式，推动测量行业发生深刻变革。

在推动个性化学习落地方面，人工智能发挥着极其重要的作用。未来，人工智能将在教育领域实现更广泛的应用：一方面，我们要以开放、积极的心态迎接人工智能时代的到来；另一方面，我们要保持谨慎的态度。人类认知的拼图尚不完整，要理智对待通过分析现有数据得出的结论，防止推论过度泛化。另外，我们将人工智能引入教育领域后，还应该思考如何保护学生、教师、学校的隐私，合理使用各种数据。

第8章 教育机器人：开启 AI 教育新蓝海

即将爆发的教育机器人革命

2007 年 2 月，微软创始人比尔·盖茨（Bill Gates）在《环球科学》杂志上描述了这样一幅场景。

"当你坐在办公室中喝咖啡时，可以通过桌前的个人计算机监控家中的一切：让你的管家机器人帮你熨洗衣服，清扫地板，给小宠物喂食，巡视花园；通过个人计算机与你的管家机器人随时联系，指导它为你准备一顿丰盛的意大利晚餐；通过遥控专门负责陪护的机器人来照顾年迈的母亲，帮助她按时服药……"

作为全球互联网的领军人物，比尔·盖茨在创建微软 30 年后再次向世界预言："机器人即将重复个人计算机崛起的道路，点燃机器人普及的'导火索'，这场革命必将与个人计算机一样，彻底改变这个时代的生活方式。"近年来，随着 5G、人工智能、大数据、物联网等新技术不断发展、深度融合，比尔·盖茨的这一预言正在逐渐成为现实。

目前，在整个教育领域，教育机器人走进家庭，成为孩子学习、成长的好伙伴已是主流趋势。就当前教育机器人的发展情况而言，在市场层面，教育机器人已成为最热门的投资领域之一；在教育层面，机器人已成为学校中备受欢迎的一门课程。

国内外教育机器人的发展历程

1994 年，麻省理工学院尝试将机器人教学与理科实验融合在一起。此后，在美国的教育体系中，机器人研究成为一门主要教学科目，美国也成为率先开展机器人课程的国家。

20 世纪初，日本开设机器人课程，成为继美国之后世界第二个重视机器人教学的国家。目前，日本的机器人教育水平和机器人文化普及水平都位居世界前列。

2006 年，第一届亚太 ROBOLAB 国际教育研讨会在新加坡举办，会议围绕"机器人教育及其在科技、数学课程里的应用"展开了热烈交流与讨论。

美国、日本、英国等国的机器人教育开始的时间较早，贯穿了从小学、初中、高中到大学的全过程。相比较而言，我国的机器人教育起步较晚。进入 21 世纪之后，机器人教育进入快速发展阶段。2003 年，我国颁发的普通高中新课程标准首次将"人工智能"初步列入"信息技术课程"选修内容，将"简易机器人制作"列入"通用技术课程"选修内容。另外，教育部颁发的《普通高中物理课程标准（实验）》也提出了"让学生收集资料，了解机器人在生产、生活中的应用"的学习要求。

2017 年 7 月 8 日，国务院印发《新一代人工智能发展规划》，提出在中小学阶段设置人工智能相关课程，逐步推广编程教育，开展人工智能竞赛，鼓励以各种形式进行人工智能科普创作。由此可见，机器人教育已经成为一项重要内容。现阶段，随着科学技术的迅速发展，我国机器人教育进入了高速发展阶段。

技术驱动：AI助力教育机器人落地

以语音识别、深度学习、机器视觉等 AI 技术为依托，我国教育机器人应用发展迅速，这将为教育产业带来新模式。同时，教育机器人将成为人工智能应用落地的重要场景。在此基础上，教育机器人有可能成为投资热点，吸引人工智能行业的巨头不断加大投入，实现爆发式发展。

　　教育机器人感受外部环境的重要工具是传感器。传感器收集来自外部世界的信息，将其输送到集成 AI 算法的芯片中进行处理，进而做出决策，控制执行部件反馈信息。目前，越来越多的 AI 技术在教育机器人领域被应用，例如，自然语言处理、AI 人机交互、机器人行为决策、深度语义、机器学习和机器视觉等。AI 技术在教育机器人领域的应用如图 8-1 所示。

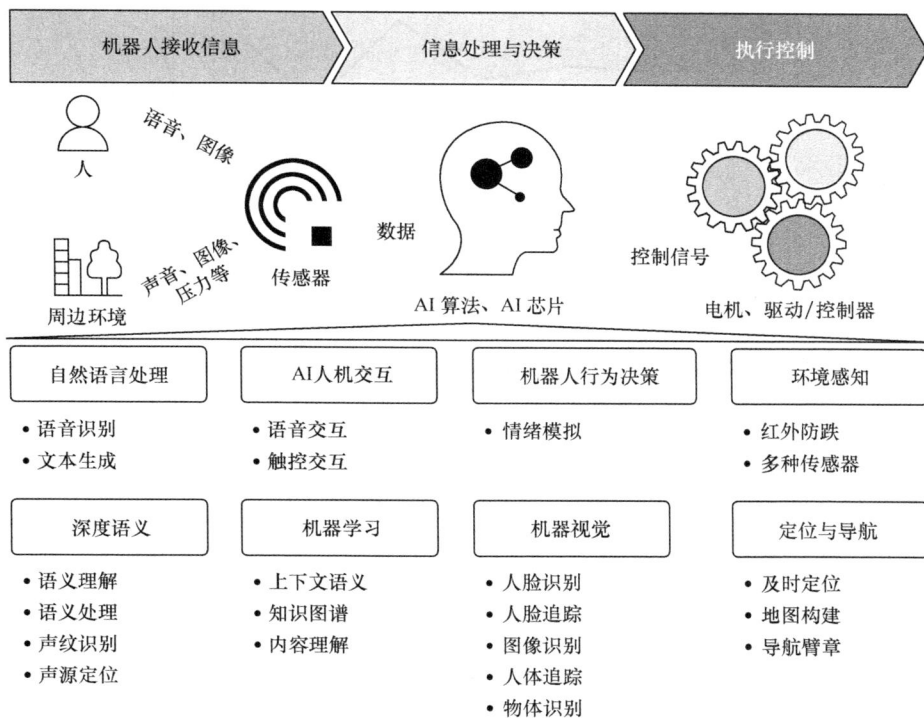

图 8-1　AI 技术在教育机器人领域的应用

　　随着全球服务机器人市场规模不断拓展，教育机器人产业形成了"硬件制造—人机交互与 AI 技术融合—机器人系统集成—线上线下销售—培育教育机构"产业链，各个环节都能实现有序发展。

市场规模：百亿美元的教育新蓝海

前瞻产业研究院发布的《中国教育机器人行业发展前景预测与投资规划分析报告》统计数据显示，2018—2022年，全球教育机器人的市场规模将达到111亿美元。2018年，中国教育机器人的市场规模为7.6亿元，增长速度达到了31.26%。2012—2018年中国教育机器人的市场规模统计及增长情况如图8-2所示。未来，中国教育机器人市场将继续保持高速增长。

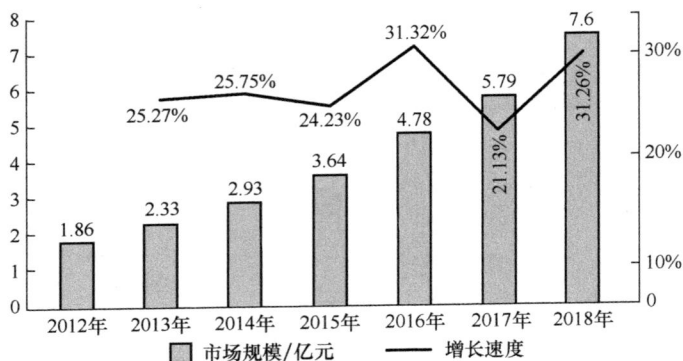

图8-2　2012—2018年中国教育机器人的市场规模统计及增长情况

数据来源：前瞻产业研究院。

从市场角度来看，我国机器人教育投资不足，随着机器人产业不断发展，教育机器人不断普及，我国机器人教育将迎来广阔的发展空间，机器人教育项目将成为新的投资方向。

目前，机器人教育行业的头部竞争逐渐明朗。以在线服务模式为基础，未来，机器人教育行业的企业并购、资源整合速度将越来越快。

我国的教育机器人正处在萌芽阶段，机器人教育刚刚起步，对于整个教育行业来说，机器人发挥了巨大的促进作用。中国教育市场规模庞大，涉足教育行业的机器人企业数量众多。在这种市场环境下，谁能在核心技术领域率先取得突破，在人工智能领域实现深度应用，在服务运营领域做到规范、合理，谁就有可能在教育机器人行业占据领先地位。

想要从早期激烈的市场竞争中脱颖而出，顺利进入后期市场，机器人企业不仅要制定科学的竞争策略，还要推动人工智能和先进制造技术深度融合。随着人工智能技术不断发展，人工智能产品与应用扩散到各个领域，人类迈向智能化社会，教育机器人与机器人教育必将实现更快的发展。

机器人教育的四大应用类型

教育机器人可以在家庭、工业、学校、商场等各个场所使用，适用于各个年龄段的用户。当然，用户所处的年龄段不同，教育机器人的应用场景也不同。目前，教育机器人的应用场景大致可以分为 3 种：第一种是幼儿和儿童陪伴；第二种是中小学课堂教育和远程学习；第三种是专业场所的教育培训。虽然教育机器人无法完全替代教师与家长，但可以为教师和家长提供辅助，它将在教育行业扮演非常重要的角色。

幼儿园与小学阶段的学生是教育机器人的主要目标用户。教育机器人的功能非常强大，不仅可以为孩子提供唐诗宋词、趣味百科、儿童歌谣、艺术教程等内容，还能与孩子交流，激发孩子的学习兴趣，有针对性地开展教育，进行个性化培养。也就是说，一个优秀的教育机器人可以辅助教师与家长做好孩子的培养与教育工作，满足孩子的交流需求，让孩子感受到学习的乐趣，培养孩子自主学习的意识与习惯，帮助孩子养成良好的学习习惯。

从概念层面来看，机器人教育就是通过设计、组装、编程、运行机器人，激发学生的学习兴趣，培养学生的综合能力。以机器人教育的实际应用方向为依据，机器人教育应用大致可以分为机器人学科教学、机器人辅助教学、机器人管理教学和机器人主持教学四大类型。机器人教育应用的四大类型如图 8-3 所示。

机器人学科教学

机器人学科教学（Robot-Subject Instruction，RSI）指的是将机器人看作一门学科，组织课堂教学，让学生学习与机器人相关的基础知识及基本技能。

2009 年，机器人课程正式走进大学课堂，成为自动化、人工智能等专业的一门专业课程。目前，在国内，北京大学、清华大学、北京航空航天大学、哈尔滨工业大学等高校均开设了与机器人相关的课程。至于中小学，由于受场地、资金、师资、器材等条件的限制，所以只能开展机器人竞赛活动。

通过开展机器人竞赛，学校可以提高学生对机器人的兴趣，培养学生对机

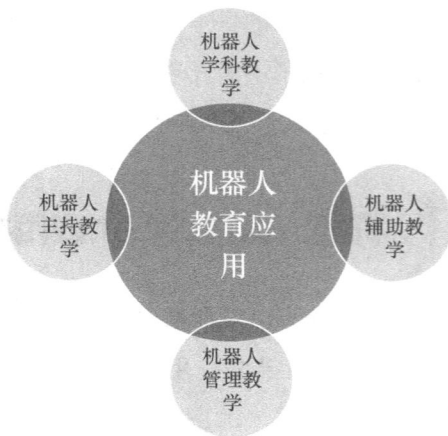

图 8-3　机器人教育应用的四大类型

器人的设计能力、创新能力，这对机器人教育产生了良好的推动作用。近几年，市场上出现了很多机器人培训机构，科技馆、少年宫也从中小学吸引了很多机器人爱好者，组建机器人学习小组，参加各种竞赛活动。

具体到学校层面，中小学信息技术教育课程已经吸纳了智能机器人的相关内容，教育部门开始编写机器人教材，各中小学开始开设机器人课程，这些现象均表明机器人教育开始普及。虽然机器人教育、机器人教育人才的培养受到了广泛关注，但在大多数人的眼中，机器人教育仍属于附属学科，机器人教育的普及工作任重而道远。

机器人辅助教学

机器人辅助教学（Robot-Assisted Instruction，RAI）指的是以机器人为媒介和工具开展教学活动。事实上，机器人辅助教学已经走进课堂，在实际教育教学活动中得到广泛应用。例如，使用机器对考试试卷的客观题进行批阅、评分；学生利用智能移动终端和各种学习类 App 辅助学习等。

与机器人课程不同，机器人辅助教育只在教学过程中发挥辅助作用，即在教学过程中，机器、设备扮演教师的助手、学生的伙伴，发挥普通教具不具备的智能化功能。

机器人管理教学

机器人管理教学（Robot Managed Instruction，RMI）是指机器人在教学、财务等教学管理活动中发挥作用，通过计划、组织或指挥来实现辅助管理功能。

机器人教育管理涵盖的范围极广，例如，新高考的推行催生了一种新的教学模式——走班制。这给排课带来了一定挑战。但引入机器人管理教学之后，可以使用机器人算法排课。学生可进入系统提交自己的需求，系统会根据学生需求，结合课程、教室、师资等多个方面的因素快速排课，提高排课的效率及学生的满意度。

从目前的发展形势来看，学校引入机器人辅助教育体系是非常有必要的。学生自主学习、主动学习，离不开教师的监督，家长也希望有人帮孩子分担学习压力，大多数情况下，这一任务只能由教师完成，无形中增加了教师的教学压力。机器人管理教学能为教师、校长在制订教学管理决策时提供辅助。未来，对于教师、校长来说，灵活应用机器人信息技术将成为一种最主要的工作方式之一。

机器人主持教学

在机器人教育领域，机器人主持教学（Robot Directed Instruction，RDI）是最高层级的应用。在这个层级中，机器人取代教师成为教学活动的组织者、实施者与管理者，成为教学活动的主角。对于人类来说，机器人成为学习对象似乎遥不可及，但通过人工智能技术与虚拟现实技术、多媒体技术相结合，这一设想或许会成为现实，关键在于如何让机器人教育与教育行业的发展形势相契合。

目前，机器人教育已经开始向全球蔓延。未来，进入教育信息化、数据化时代之后，教育行业要对现代信息技术进行全面且深层次的应用，为教育事业的发展提供源源不断的动力。随着科学技术不断进步，社会教育也在不断发展，为了达到理想与现实交融，培养一批拥有高科学素养的人才，必须将机器人融入教育。也就是说，机器人教育已成为发展趋势，成为弥补素质教育薄弱点的重要工具。

STEAM 与机器人教育

STEAM 教育是一种综合性教育理念，来自 STEM 教育理念。STEM 教育理念是一种融合了科学（Science）、技术（Technology）、工程（Engineering）、数学（Mathematics）的教育理念，其名称由这些组成元素的首字母构成。STEAM 教育理念在原有的 4 个元素的基础上增加了艺术（Arts）形成科学（Science）、技术（Technology）、工程（Engineering）、艺术（Arts）、数学（Mathematics）相融合的教育理念。

STEAM 教育理念是由美国提出的，最开始是一项教育改革计划，其目的在于打破科学、技术、工程、数学、艺术之间的界限，通过综合应用各学科内容解决一系列实际问题。该理念提出的目的是为了促进人才全面发展，培养综合型人才。

STEAM 教育理念认为学生完成任何事情所依赖的绝不仅是某一项素质，而是多种素质的综合应用。也就是说，单一的技能已经难以满足未来社会对人才的要求。未来社会更需要综合型人才，学生只有具备多元化的学科素养，才能在今后的人才竞争中立于不败之地。基于这种理念，STEAM 教育应运而生。STEAM 教育要求教育者从学前教育阶段就开始着手培养学生的科学、技术、工程、艺术、数学等学科的素养，旨在促进学生全面发展，培养综合型人才，为国家在人才竞争方面打造核心优势。

STEAM教育的模式创新

近年来，我国不断推广STEAM 教育理念。中国教育学会原会长钟秉林认为，STEAM 教育是现代社会需要的一种新型教育理念，也是未来教育需要的一种新型教育模式，将 STEAM 教育理念与信息技术教学相结合，能给我国教育带来积极影响。具体的影响主要表现在以下几个方面。

- 在信息技术教学中引入 STEAM 教育理念可以较大地丰富信息技术教学资源。例如，有的教育工作者以 STEAM 教育为基础研发出了 Scratch 编程课程；

有的教育工作者基于 Scratch 软件研发出了儿童数字文化创作课程；还有的教育工作者基于 Arduino、Scratch 软件研发出了互动媒体技术课程等。

- 将 STEAM 教育理念与信息技术教学相结合，可以促进信息技术教学平台的创建。许多国家在推行 STEAM 教育的同时，也在加紧创建多种不同形式的信息技术教学平台。从某种程度上说，STEAM 教育理念促使各国政府更加热衷于信息技术教学平台的创新和发展。目前，国际上具有代表性的 STEAM 教育信息技术教学平台有美国高校创建的 STEM 中心网站、中国 STEAM 教育联盟创建的 STEAM 校长帮等。

- STEAM 教育理念的引入可以促进信息技术教学的发展变革。我国《普通高中信息技术课程标准（2017 年版）》提出的教学要求与 STEAM 教育理念高度吻合。该标准明确表示要将信息技术教学引入前沿学科领域，推行项目活动式学习，打造数字化学习环境，助力教育发展。

STEAM与机器人教育的完美结合

机器人教学融合了计算机、机械工程、电子、通信、控制学等多个学科领域的知识，契合了 STEAM 教育的精髓。目前，机器人教学的主要内容是机器人组装、搭建与运行。其目的是培养学生的想象力，激发学生对机器人的兴趣，提升学生认识问题、解决问题的能力，强化学生的团队协作意识。

首先，教育机器人能够为学生创造一个全新的学习环境，让学生进一步了解机器人的各个传感器的功能，学习编写简单的机器人控制程序，提高思维能力，增强学习动机，加深对抽象概念的理解，从而解决更复杂的问题。

其次，教育机器人具有多学科性质，可以打造一个具有建设性的学习环境，简化学生对科学知识的理解过程，提高 STEAM 教育的效果。将机器人引入 STEAM 教学，辅助教师将工程、技术概念应用到现实生活，将现实生活中的科学、数学等概念具体化，消除科学、数学的抽象性。另外，将教育机器人引入教学过程还能提高学生的批判性思维，提高学生的沟通交流能力、团队合作能力和创新能力。

最后，机器人教育给中小学信息技术课程增添了新活力，使中小学生的信息素养、综合能力得到更好的培养。在中小学开展机器人教育，可以让初学者了解机器人的发展与应用现状，了解机器人的概念与工作方式，为深入学习与机器人技术有关的知识奠定基础。

机器人竞赛：STEAM教育的先锋力量

在机器人教育领域，机器人竞赛是一项非常重要的实践。机器人竞赛兴起于 20 世纪末，是一项充满创造性、挑战性和趣味性的活动，极具观赏性的比赛项目可以有效激发青少年对机器人技术和知识的兴趣。机器人竞赛鼓励青少年在科学、技术、工程、艺术与数学等领域发展，这与 STEAM 的教育理念不谋而合。另外，机器人竞赛还可以培养青少年的多种能力和意识，例如，创新精神、动手实践能力和团队合作意识等。

机器人竞赛既是 STEAM 教育的精彩实践，也是 STEAM 教育的先锋力量。它提倡"寓教于乐"的学习方式，鼓励学生在竞赛中快乐地体验成长。例如，学生在参与机器人竞赛的过程中，需要动手搭建机器人、编写程序，可以有效提升学生的动手能力、协作能力和创造能力。

机器人竞赛有很多不同的主题，有的侧重解决问题，培养学生的想象能力；有的侧重引导学生参与公益活动，在培养创造力的同时让学生养成正确的社会观、价值观。

目前，全世界每年举办的机器人竞赛有 100 多种，参赛者覆盖了小学生、初中生、高中生、大学生等各个年龄段的学生群体，参赛人数逐年增长。国际与国内机器人竞赛一览见表 8-1。2018 年世界机器人大赛在北京亦庄举办，吸引了来自 10 多个国家和地区的 12000 多支参赛队伍、50000 多名参赛选手。2017 年中国青少年机器人竞赛吸引了 9000 多支参赛队伍、25000 多名参赛选手，这些参赛队伍与选手来自全国 3700 多所学校。

通过机器人竞赛，学生的批判性思维能力、项目管理能力、合作沟通能力、基本生活技能等能力都可以得到锻炼和提升。同时，它还可以不断拓展学生的视野，更好地激发学生的潜能。

表 8-1 国际与国内机器人竞赛一览

类别	竞赛名称	项目
国际机器人竞赛	世界机器人大赛	常规赛、挑战赛
	世界奥林匹克机器人大赛	常规赛、机器人创意赛
	世界教育机器人大赛	省级赛、国家赛、世界锦标赛
	VEX 机器人世界锦标赛	机器人创意赛
	WRO 世界机器人奥林匹克竞赛	常规赛、机器人创意赛
	机器人世界杯	足球赛
	RoboRAVE 国际机器人大赛	编程、挑战赛
	FTC 科技挑战赛	机器人创意赛
	中美国际机器人挑战赛	机器人创意赛
国内机器人竞赛	中国机器人大赛	机器人创意赛
	FLL 中国锦标赛	FLL 工程挑战赛
	全国中小学生网络虚拟机器人设计竞赛	网络虚拟
	全国大学生机器人大赛	机器人赛事、机器人生态、工程文化
	全国中小学生电脑制作活动	灭火赛、足球赛、FLL 比赛
	中国青少年机器人竞赛	机器人创意赛
	全国青少年电脑机器人竞赛	乐高机器人创意赛

资料来源：华夏幸福产业研究院。

第三部分

个性化学习

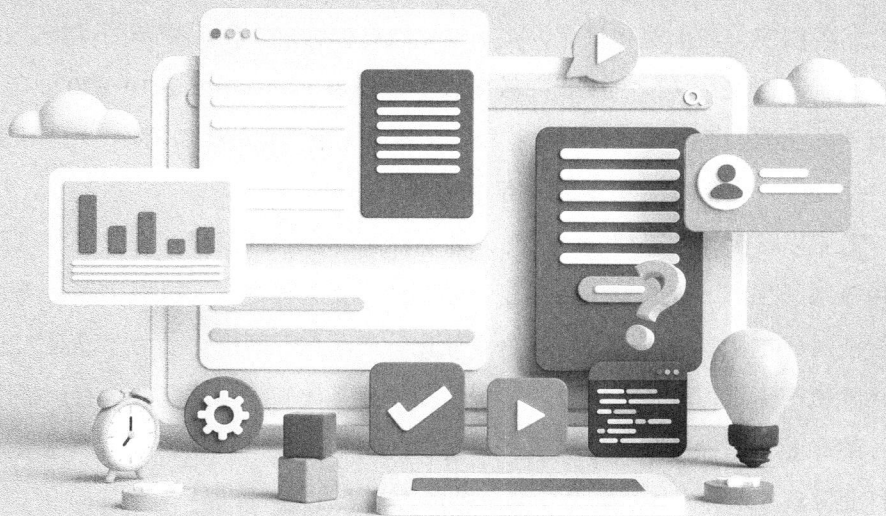

第 9 章　个性化学习：引领未来教育变革

个性化教育：培养创新型人才的必经之路

现阶段，个性化教育已经成为世界各国教育改革的主题。2006 年，经济合作与发展组织（Organization for Economic Cooperation and Development，OECD）发布《面向明日之学校教育：使教育个性化》报告，认为"一刀切"的学校教育既无法满足学生个体的发展需要，也无法适应知识社会的发展需求，因此，各国应关注个性化教育，将个性化教育作为应对时代变革的良策。2010 年，我国政府发布《国家中长期教育改革和发展规划纲要（2010—2020 年）》，提出"关注学生不同特点和个性差异，发展每一个学生的优势潜能"，倡导学校为学生提供"适合的教育"，鼓励学生实现个性化发展。

工业化时代与人工智能时代对人才的需求存在较大差异。工业化时代普遍采用流水线生产，模式单一且重复，具有规模化、程序化、机械化等特点。人工智能时代主张智能制造，特点是个性化、自动化、智能化。为了满足工业化时代的生产需求，教育行业培养了一大批掌握基础知识与技能并具有严格服从精神的专业化、标准化人才。到了人工智能时代，为了满足新的生产需求，教育行业应该多培养具备创新意识与创新能力的人才。

针对"人工智能对未来职业的可替代率"问题，英国广播公司（British

Broadcasting Corporation，BBC）曾做过一次预测：在未来社会，人工智能将大规模代替人的工作，例如，电话销售员、客服等经过培训就能上岗的职位，人工智能的替代率高达99%；一些程式化强、重复性高的岗位，例如，会计类职位，人工智能的替代率将达到97.6%。也有一些岗位是人工智能难以替代的，例如，软件开发员、程序设计员等。这些职位强调创新与深入思考，注重交流与合作，因此，这些职位被人工智能替代的比例较低，大约只有8%。由此可见，在人工智能时代，教育行业应该把更多的精力投放在培养具备创新思维与创新能力的新型人才上。

只有推进教育变革、革新教育理念与教育方式，才能培养出具有创新性与个性的人才，满足适应未来信息化社会与知识化社会对人才的需求。个性化教育的优势在于，面向不同学生个体的发展，强调挖掘学生的个性潜能与优势，培养具有综合素质的人才。在知识经济时代，个性化教育将成为未来教育的主流发展方向。个性化教育的实施不仅可以促进教育改革，使国家真正实现素质教育，还可以贯彻落实以人为本的科学发展观，让学生实现更好的发展。

学习革命：从标准化到个性化

人工智能技术的发展促使网络教学、知识共享逐渐普及，给教育行业带来重大变革。目前，个性化学习已经成为教育界关注的焦点，世界各国纷纷将这一新的学习理念融入自己的教育系统，推动教育变革。个性化学习是未来教育的发展趋势，人工智能技术是实现这一学习理念的有效手段。学校可以利用人工智能技术帮助学生实现个性化学习，有效提升学生在未来的竞争力。

在世界范围内，过去几十年的教育一直朝标准化的方向发展，学校教材、教学都按照一定的标准组织和编排。这种标准化的教育在促进教育公平的同时，也逐渐显现出一些局限性。

传统教学重视共性，轻视个性，无法顾及每一位学生的兴趣和偏好，导致学生很难充分了解和认识自己，无法实现个性化学习。当然，在课外，部分学生会主动借助互联网和信息化应用来学习，例如，观看网络课程等，但是这些方式并不能帮助他们找到合适的学习内容，也无法给予他们即时有效的学习指导。

个性化学习不是脱离教师的学习，而是需要在教师的指导下展开的。学生在教师的指导和帮助下对自己的个性特征、内在需求及其他情况进行全面分析，然后根据分析结果自主选择学习的课程与内容，自主推进学习进程，从而实现个性化发展。

技术革命：从理论构想到落地实践

教育的个性化始于学习活动的个性化。实现学习活动个性化需要参考 3 个方面的内容：一是学生的个性化要素，包括学生的学习需求、学习经验、文化背景、兴趣爱好和风格习惯等；二是国家的教育方针；三是社会的人才需求。利用好这 3 个方面的内容，有针对性地制订学习内容、方法和计划，是实现学习活动个性化的重要途径。需要注意的是，个性化学习需要建立在三大基础之上，分别是充足的背景信息、大量的数据模型和智能的决策计算，只有这样才能达到理想的效果。

随着深度神经网络应用范围的不断扩大，脑科学研究不断取得重大突破，同时，大数据、云计算等技术持续发展，人工智能技术已经逐步渗透到教育领域。例如，一些智能教育平台可以通过分析教育大数据，将顶级专家的知识吸收、整合、优化，打造出具有顶级专家水平的虚拟教师。智能教育平台还可以捕捉和分析学生的行为数据，根据学生的个性特点和学习需求为他们制订相应的学习策略。同时，这些平台还能从海量的学习资源中筛选出优质的学习内容，根据学生的个性化需要，为他们推送最佳的定制化学习内容，帮助他们实现个性化学习。

目前，比较出色的个性化学习平台有 Knewton、Altschool、Claned 等。这些平台通过人工智能技术分析学生的学习需求、学习经验、文化背景、兴趣爱好和风格习惯等情况，根据大数据为他们制订个性化服务，实现"智能＋教育"的新模式，为全球教育变革提供范例。

"一个中心，三个导向"

个性化学习是为了实现有意义的学习，在学习的过程中，通过学生个体、学习行为与学习环境的多维联动实现多向反馈，通过评判学生是否掌握了学习内容，达到了哪个目标层级来判断学习效果。在"智能 +"时代，个性化学习的理论支撑可以概括为"一个中心、三个导向"。其中，"一个中心"是指以学生为中心，"三个导向"包括目标导向、过程导向和评价导向。

以学生为中心的设计

以学生为中心的设计包括两项内容：一是以学生为中心的教育平台设计；二是以学生为中心的环境设计。

- 以学生为中心进行教育平台设计的目的在于将计算机、互联网对学习的积极作用切实发挥出来。具体来看，这个教育平台的设计还应综合考虑学生的目标、需求、活动、教育情境等因素。以学生为中心是个性化学习的起点，学习环境的设计、学习内容的提供、应用服务都应该坚持以学生为中心，为学生提供个性化反馈。

- 以学生为中心的环境设计可以为学生提供具有鼓励性、互动性的活动，满足学生的个性化学习需求，帮助学生完成不同复杂程度的学习活动，加深学生对知识的理解。在这个以学生为中心架构的学习环境中，学生可以确定外部学习目标。但该目标的推进需要根据学生的个体需求，由思想形成与检验过程中产生的实际问题来决定。

目标导向的有意义学习理论

美国教育设计专家戴维·乔纳森（David H. Jonassen）认为，要想学生的学习更有价值，就要让学习变得更有意义。戴维·乔纳森以学生和学习材料认知结构中已有知识的关系为依据，将学习分为两类：一类是机械学习；另一类是有意义的学习。其中，有意义的学习包含以下两个先决条件。

- 学生表现出有意义学习的倾向，也就是学生希望在新学到的内容与自己现有的知识之间建立联系的倾向。

- 对于学生来说，学习内容具有潜在意义，也就是学习内容能够和学生现有的知识结构建立连接。

戴维·乔纳森认为，未来的教育应该聚焦有意义的学习，所有级别的教育都要以促使学生开展有意义的学习为目标。他认为有意义的学习包含五大属性，分别为主动性、建构性、意图性、真实性和合作性。这五大属性之间是相互关联的。

在未来的教育中，个性化学习将成为一种最重要的学习方式之一，为了保证应用效果，需要建立目标导向，也就是要以支撑有意义的学习为目标，利用人工智能技术帮助学生开展有意图的、主动的、建构的、真实的、合作的学习活动。

过程导向的交互决定理论

根据环境决定论的相关理论，环境会对个体行为产生刺激与控制，其公式是 $B=f(E)$。其中，B 是指个体行为，E 是指环境。根据个体决定论的相关理论，个体的行为活动受个体的本能、驱力、特质等内部因素的影响，其公式是 $B=f(P, E)$。其中，B 是指个体行为，P 是指个人/认知因素，E 是指环境。

上述两种观点中各个元素都是单向决定的关系，但越来越多的实验证明，环境与个体之间是双向影响的。在这种双向影响的关系中，行为是发挥相互作用的决定性因素，而不是个体和环境相互作用过程中毫无意义的产物。以此为基础，美国心理学家、社会学习理论创始人艾伯特·班杜拉（Albert Bandura）提出了交互决定论。他认为环境、个体、行为是相互影响、相互连接形成的一个系统。后来，美国南卡罗来纳大学教育学院教育心理学教授玛格丽特·格雷德勒（Margaret E.Gredler）对艾伯特·班杜拉提出的交互决定论做了进一步描述，认为个体、行为、环境呈现一种三向关系。艾伯特·班杜拉提出的交互决定论：环境、个体、行为的三向关系如图 9-1 所示。

个体
（P）

预期和价值观影响行为

不同的生理特性，例如，吸引
力、身高、性别和社会属性，
激活不同的环境反应

行为不是根据
改变个体印象
的环境反馈来
评价的

社会上不同对待会影响
个体的自我概念

行为
（B）

环境
（E）

行为激活行动的相倚关系

被激活的相倚关系可以
改变活动强度

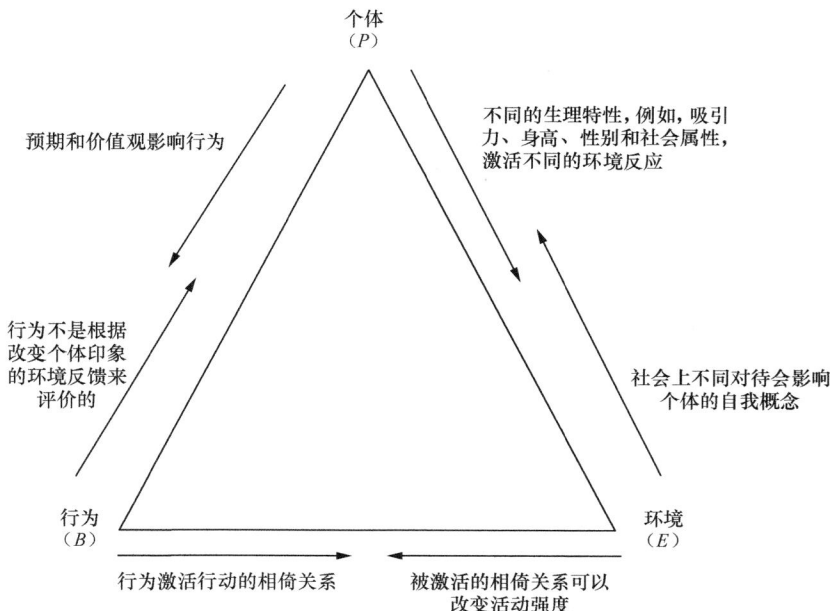

图 9-1 艾伯特・班杜拉提出的交互决定论： 环境、个体、行为的三向关系

交互决定论对个性化学习产生了重要指导，倡导从个性特征、学习行为、学习环境 3 个层面整合学习过程：首先，在个性特征方面，该理论倡导全面分析学生的个性优势；其次，在学习行为分析方面，该理论倡导根据学生的个性特征记录学生参与的知识内容；最后，在环境要素方面，根据学习过程和结果向学生实时反馈信息，帮助学生更好地改善当前的学习状态与结果。

评价导向的掌握学习理论

在应用效果层面，个性化学习要实现真正落地，需要促使学生达成目标，根据目标的达成掌握一定的学习理论，针对目标测量对学习目标进行分类。学习理论涵盖了认知维度和知识维度两个层面的内容：认知维度涵盖了知道、领会、应用、分析、评价、创造等内容；知识维度涵盖了事实性的、过程性的、概念性的和元认知。这两个维度的分类都呈现层级排列关系。其中，认知维度从低阶思维到高阶思维排列；知识维度从具体知识到抽象知识排列，各种分类交错，从初始的事实性记忆学习向高级别的创造性学习递进。

在掌握学习理论方面，美国当代著名的心理学家、教育家本杰明·布卢姆（Benjamin Bloom）认为学习的时间量包含 3 个方面的内容，分别是教学质量、学生理解教学能力、能力倾向。学生的学习活动能达到什么水平，取决于其投放到学习上的时间量。

该理论对个性化学习产生了重要的指导作用：一方面，教师可以以时间为变量，以学习为衡量，设计个性化学习系统，学生想要进入下一个知识点的学习，必须掌握这个知识点的核心概念，这是以知识掌握为导向进行学习评价，而不是以时间为导向；另一方面，根据学生的个性特征，引导学生从知识与认知两个维度学习抽象的创造性知识，在掌握概念的基础上达到事先设定好的学习目标。

AI 引爆个性化学习新模式

教育信息化是个性化教育的基础。近几年，我国教育信息化发展取得了显著成就。《教育信息化"十三五"规划》统计：我国中小学互联网的接入率达到 87%，多媒体教室的普及率达到 80%，优质的数字教育资源日益丰富，信息化教学不断普及，学校管理者及教师的信息化意识不断增强，信息化能力持续提升。

教育信息化面临的问题

教育信息化的迅猛发展颠覆了传统的教育教学模式，不仅促进了教育公平，还提高了教学质量。但面对个性化教育提出的挑战，教育信息化显露出一些问题，教学信息化面临的三大问题如图 9-2 所示。

- 在教育信息化环境下，学生的学习过程仍具有统一化、标准化的特点，学生对自己的了解程度较低，教师也无法关注到每一位学生。在此情况下，即使有信息化应用的支持，教师也只能为学生提供标准化的学习内容与学习指导。

- 在教育信息化环境下，从预习、听课、复习到作业、考试、评价的各个环节都由教师承担。在如此繁重的教学任务下，教师无法深入了解每一位学生的个性特点、学习成果与学习行为，无法为每一位学生提供精准的教学指导。

- 在教育信息化环境下，学校产生了各类数据，但这些数据分散在不同的业务系统中，没有实现有效融合，无法为学校的管理决策提供有效的支持，也无法为精准化教学与个性化学习提供助力。

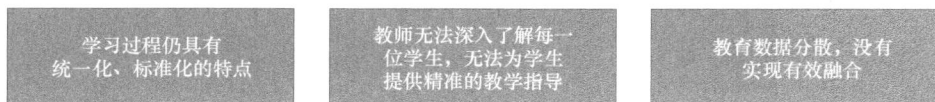

图 9-2 教学信息化面临的三大问题

AI技术赋能个性化教育

人工智能在教育领域的应用有效解决了在教育个性化实现道路上的关键难题，具体表现在以下 3 个方面。

- **利用智能推荐引擎解决学习过程中的个性化问题。** 一方面，智能推荐引擎通过搜集、掌握大量的学生数据，对学生的个性化特征进行准确描述，全面掌握学生的学习需求；另一方面，智能推荐引擎通过对学习资源及其使用状况进行智能分析，实现资源特性的标签化，根据学生的真实需求向其推送合适的学习资源，让整个学习过程实现个性化。

- **通过智能学情分析解决教学过程中的精准化问题。** 一方面，智能学情分析可以帮助教师掌握学生的学习态度、学习风格、学习效果等信息，精准把握每位学生的学习需求；另一方面，智能学情分析可以帮助教师了解整个班级的学习氛围、成绩分布、薄弱知识点分布等学情信息，让教师能够精准把握整个班级的学习情况，为教学资源规划、教学方式选取提供专业化指导，促使整个教学过程实现精准化。

- **通过智能决策支持解决管理过程中的科学化问题。** 一方面，智能决策支持可以打通校园数据，将各个系统产生的数据汇集在一起，形成学生、班级、学校多级数据体系；另一方面，智能决策支持可以整理、加工校园数据，根据业务场景创建校园数据仓库，建立分析、预测、诊断等模型，绘制可视化分析图，为学校管理者提供决策支持，让整个管理过程更加科学化。

人工智能（AI）引爆个性化学习新模式

1. 个性化教学

人工智能可以对教育产生重大影响，主要体现为可以帮助学生实现个性化学习，具体步骤是：第一步，利用多样的学习程序、软件和游戏满足学生的兴趣需求；第二步，通过自适应学习系统搜集学生在学习过程中产生的数据；第三步，分析数据信息，为学生制订个性化学习方案。

2. 个性化辅导

智能辅导系统可以搜集和分析学生的学习数据，为每一位学生创建档案式说明，例如，学生喜欢怎样的学习方式、学生拥有多少知识储备量等。在学习过程中，试验和错误是必要的，但很多学生无法正确看待学习上的错误，一旦犯错就会产生强烈的挫败感，不仅不喜欢在同龄人面前犯错，而且更不愿意在教师面前犯错。人工智能不仅可以为学生提供自由、无压力的试错环境，还能提供改进方案。目前，市场上已经出现了一些基于人工智能技术的辅导课程，可以帮助学生对各学科基础知识开展个性化学习。

3. 个性化反馈

除了定制课程内容、制订学习进度和计划，人工智能还可以及时向学生提供学习反馈。美国大型公开在线课程项目"Coursera[3]"的学习反馈系统就是这样的人工智能系统。该学习反馈系统在发现学生提交错误的家庭作业答案后，会第一时间向教师发出警报，与此同时还会向学生发送定制化的消息，为他们提供正确答案的提示。这类学习反馈系统通过给予学生及时的反馈，可以帮助学生查缺补漏，全面掌握所学知识，理解相关概念。

3　Coursera是大型公开在线课程项目，由美国斯坦福大学2名计算机科学教授创办，旨在同世界顶尖大学合作，在线提供网络公开课程。

第 10 章　落地路径：基于 AI 的个性化学习

路径 1：智慧教育云服务平台

随着智慧学习环境日渐完善，智能设备逐渐普及，人工智能技术取得了重大突破，个性化学习服务模式变得愈发明晰，并开始实现落地应用。目前，个性化学习服务以智慧教育云服务平台为依托，根据学生的学习需求向其推送个性化的学习内容，根据学生的学习能力生成个性化的学习路径，根据学生的知识掌握情况对学生进行个性化的学习评价。

我们首先对智慧教育云服务平台进行具体分析。所谓的"智慧教育云服务平台"是指利用云计算、大数据、人工智能等技术，以智慧课堂与互动教学为核心，依托智慧云平台的教育资源体系和教与学过程评估的分析系统，为学校、教师、学生打造高效课堂，为学生提供个性化的学习系统，实现教育技术与教学应用的深度融合。智慧教育云平台的逻辑架构如图 10-1 所示。

教育云服务平台模块

教育云服务平台模块涵盖了六大系统，分别为电子教材系统、数字资源系统、作业与考试系统、互动交流系统、学习管理系统和电子学档系统。

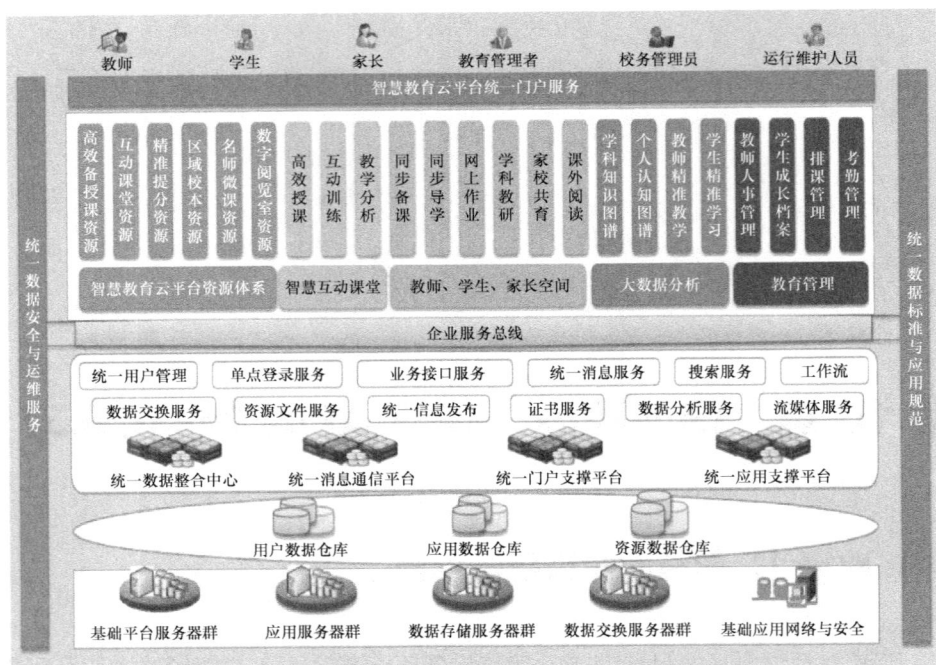

图 10-1　智慧教育云平台的逻辑架构

个性化信息记录与分析模块

个性化信息记录与分析模块包括三大内容：一是个性化分析模块；二是个性化信息中心；三是人工智能技术服务中心。其中，个性化信息中心可以根据学生的个性化分析模块分门别类地存储信息：个性化学习内容可以存储在电子教材和资源库中；个性化学习评价可以存储在作业库与考试库中；个性化学习方式可以存储在互动答疑和学习社区中。

这些数据记录了学生在学习路径中的节点信息，包括结构化数据、半结构化数据、非结构化数据等。虽然非结构化数据无法进行分析，但是可以进行结构化处理，从而获得可以直接分析的结构化结果。人工智能技术服务中心主要根据个性化的信息数据进行情绪识别、自然语言处理、情感计算、自适应学习分析等，为个性化学习服务提供支持。教育云服务平台的六大系统如图 10-2 所示。

电子教材系统	• 管理电子教材的发布与下载，存储学生从客户端上传的学习记录
数字资源系统	• 为教育云服务平台提供合适的资源，秉持"基于资源的学习"的设计理念，注重资源积累与共享，辅助学生做好知识管理
作业与考试系统	• 向学生发布课后作业，学生在完成作业并提交后，系统对其进行批阅和展示，并评价学生的学习过程和学习结果
互动交流系统	• 为学生在课堂内外的互动答疑提供支持，为学生之间的课外交流提供场所，促进学生围绕某个主题开展深度交流，形成虚拟学习共同体
学习管理系统	• 将各个子系统的功能融合到一起，为"教""学"活动的开展提供有效支持
电子档案系统	• 与电子教材系统、数字资源系统、作业与考试系统、互动交流系统相关联，记录学生的个人信息，进一步增进家长、教师对学生学习情况、个性的了解

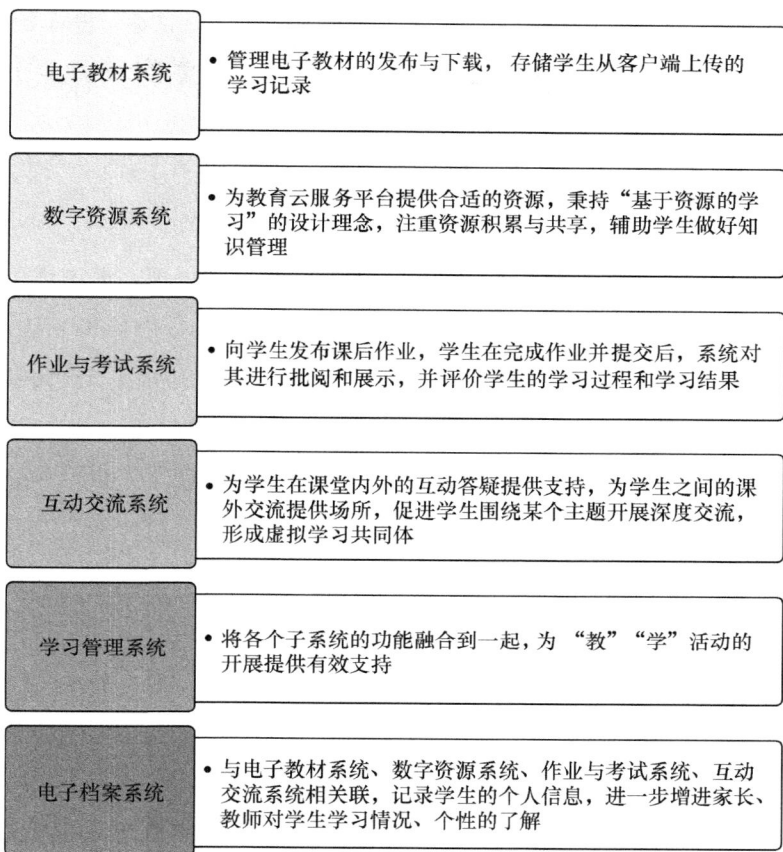

图 10-2　教育云服务平台的六大系统

个性化学习服务与自我导向学习模块

个性化学习服务与自我导向学习模块由两部分组成：一是个性化学习服务中心；二是自我导向学习模块。

- 个性化学习服务中心根据人工智能技术提供的分析结果，从学习内容、学习评价、学习路径 3 个方面为学生提供多元化的学习服务，包括向学生推送个性化的学习内容、为学生提供个性化的学习评价、生成个性化的学习路径等。

- 自我导向学习模块是个性化学习服务中心为学生提供的服务，以初始的学习目标为导向选择合适的学习资源与策略，完成学习目标，进行自我评价，学生根据评价结果了解自己的不足，从而产生学习需要，开展学习活动。

📚 路径 2：个性化学习内容推送

个性化学习的前提是对学生学习数据的有效采集和处理，通过优质和海量的数据进行模型训练，不断优化个性化学习方案。因为每个学生在认知能力、认知结构、学习动机、知识基础等方面都有自己的特点，所以个性化学习需要根据学生的学习需求设定学习目标，充分发挥学生的个性优势，进一步提升学生的学习能力。因此，个性化学习服务模式落地的关键在于，根据学生的个性化需求，利用智能推送技术向学生推送个性化学习内容。

目前，协同过滤推荐、基于内容的推荐和基于知识的推荐等个性化推荐系统都已经成熟。但因为这些推荐系统在用户记录、前后数据、知识模型、群体数据等方面的构造不同，导致系统推送机制与效果各有不同。

个性化学习推荐系统的运行需要学生模型、群体数据、学习行为数据提供支持，但现有的推荐系统算法无法支持所有的数据资源。因此，教育行业需要开发可以面向不同情景（例如，学习目标、学习年级、学科内容等）进行个性化推送的混合式推荐系统，将各个推荐系统的功能充分发挥出来，实现内容的精准化推送、个性化推送，使推送效果达到最佳。

📚 路径 3：个性化学习路径生成

"学习路径"是学生在学习过程中选择或被选择的一系列概念与活动的总称。在目前的教育系统中，教育设计者会提前设计好学习路径，这将会导致学习路径"一刀切""标准化"，缺乏对学生个性化学习特征与学习能力的分析。

要想学生开展有意义的学习，提高学习效率，教育设计者必须根据学生掌握的知识与能力，分析其学习特征，构建个性化学习路径，满足其能力发展需求。该学习路径可以对学习内容、学习活动进行智能组合，满足学生最近发展的需求。在具体应用过程中，教育云服务平台会将个性化的学习路径推送给学生，由学生自行制订学习计划。

随着自适应学习系统的不断发展，部分研究者从实践层面探索建构在学生能力模型上的个性化学习路径，并对其进行应用评价。以对理论、技术、数据等资源的整合为基础，未来，智慧教育云服务平台将根据学生的学习状态自动生成个性化学习路径，为学生个体能力的成长提供有效支持。

在实践应用层面，个性化学习路径具备很多特征，例如，自组织性、实施评估性、连续性、动态更新性等。具体来看，个性化学习路径的生成基于以下4个层面考虑。个性化学习路径生成的4个层面如图10-3所示。

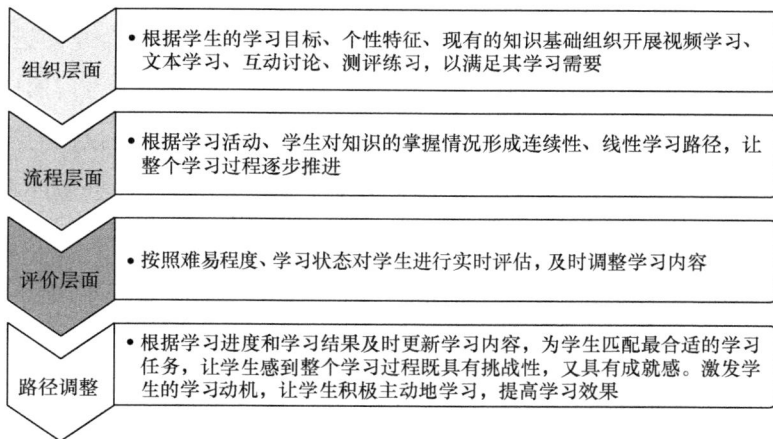

图 10-3　个性化学习路径生成的 4 个层面

路径 4：个性化学习评价反馈

在整个教学活动中，学习评价是非常重要的一个环节，它在一定程度上影响整个教学过程。在学习过程中，教师为学生设定的学习目标往往是深度理解。深度理解不是对事实与程序的简单回忆，而是将概念、策略融入一个层级框架，在合适的时间、以合适的方式用所掌握的知识理解新材料，解决相关问题。

想要做到深度理解，就要以掌握学习为导向，从知识学习、认知发展两个层面对学习结果进行个性化评价，确定学生所达到的层级，与整个学习过程相结合为学生提供相关反馈补救策略，指导学生开展新一轮的学习活动。由此可见，以个性化学习评价体系为基础，学生可以自行制订学习计划，在学习方面投入充足的时间，达到深层理解的学习目标。

在数据收集方面，个性化学习评价体系不仅要收集网络学习平台上的学习活动数据，还要利用智能录播技术和图像识别技术对学生的学习表现、课后作业、考试、学习任务单等纸质测评数据进行数字化处理，整合学生的线上线下数据，综合评判学生的学习表现。

在评价反馈机制方面，首先，个性化学习评价体系要根据学科特点和学生的个人表现（例如，对知识点的掌握情况、错题难度、偏科情况、学习进步情况）做出个性化诊断，将诊断结果以可视化的方式呈现给教师和学生。然后，个性化学习评价体系要根据学生对知识的掌握情况为其提供补救建议，与推荐系统相结合，从知识点学习、考试测验、自主练习等方面为其推送合适的内容，从精准分析转向精准干预。

随着人工智能在关键技术与研发算法层面取得重大突破，其成果在社会生活的各个领域得到广泛应用。互联网与教育的结合推动了教育服务模式的创新，学生可以随时随地获取学习内容，开展学习活动。人工智能与教育的结合则让学生的个性化学习成为现实，让"因学定教""因材施教"和"精准教学"有了实现的可能。

随着深度学习、自适应学习、机器学习等技术的不断成熟，以智慧教育云服务平台为依托，在下一代学习管理系统的支持下，可以为学生提供更精准的个性分析、智能推送及精准反馈服务。未来，通过实践应用与探索，个性化学习服务模式将逐渐成形。在该模式下，学生可以实现自主发展，学生的能力可以得到大幅提升。

第 11 章　精准教学：5G 时代的个性化课堂

5G 室联网：无边界的未来教室

捷克民主主义教育家扬·阿姆斯·夸美纽斯（Johann Amos，Comenius）被誉为"近代教育学之父"，他在 400 年前提出了一项重大的教学制度——班级授课制。班级授课制是指教师在固定的教室利用课本等教材通过演讲的方式教授学生的教学制度。这种教学制度沿用至今，已经成为人们习惯的教学模式，一直没有发生本质性的改革。

随着互联网的发展以及互联网向教育界的渗透，一些行业专家、学者开始呼吁以互联网为基础开展智慧教学，这给传统的课堂教学模式带来巨大的挑战。现阶段，要想让以互联网为基础的智慧教学正式踏上舞台，需要解决两个问题：一是观念束缚的问题；二是网络基础设施限制的问题。

观念束缚的问题表现在两个方面：一是传授式教学理念早已深入人心；二是教师与学生的信息素养不足。网络基础设施限制的问题主要表现在移动通信网络的流畅度、稳定性不足等方面。目前，虽然少数技术应用先锋提出了"互联网＋课堂教学"的模式，但是这种模式正处于实验阶段，还没有成为常态。

随着 5G 技术的不断发展，"互联网＋课堂教学"模式迎来新的发展契机。

5G 网络可以实现更宽广的覆盖、更稳定的连接和更高效的数据传输，这为课堂教学实现数字化、网络化和智能化提供了可能。因此，教育界提出了一个全新的教学理念，即室联网（Internet of Xroom，IoX）。

"室联网"需要在教室、办公室、会议室、图书馆等公共场所建立起一种集教学、学习、培训等功能于一体的互联、互通、互动的系统化网络。该网络包括两大部分：一是"室联网"操作系统；二是超大屏幕、手写板等专用教学设备。

为了加深对"室联网"这一概念的理解，我们可以参考以下场景。

在"室联网"智慧教室，教师为学生授课既不需要黑板，也不需要粉笔。在黑板的位置，有一块超大的交互式触控投影屏幕。它的功能非常强大，可以一键自动识别书写在屏幕上的内容，包括汉字、数字、公式、图形等，除了全屏书写，还可以实现无线传输、多屏互动等功能。

智慧教室不仅有交互式投影屏幕，还有智能书写板。智能书写板与电子显示屏连接，能够采集、识别、分析、传输、存储学生的自然书写痕迹，实现多种实时交互功能，例如，纸屏同步、异地共享等。此外，智能书写板还可以根据捕捉到的笔迹，分析学生的书写状态。

除了交互式投影屏幕、智能书写板，智慧教室还安装了智能摄像头。智能摄像头可以根据捕捉到的学生的表情、动作，分析他们上课的状态，同时还可以分析多种课堂表现数据，例如，迟到率、早退率、抬头率、互动率等。

另外，在"室联网"技术的支持下，不同区域的教室与教室之间还可以实现教育资源共享。

教室的软硬件资源实现互联互通

5G 技术与人工智能技术相结合能够营造出智能化的学习环境，例如，让教室中的设施设备根据上下课铃声自动开启和关闭，让教室的智能灯根据室内光线自动调节亮度，自动调取和存储教学资源，自动生成学生的学习过程数字化记录等。由此可知，"室联网"可以重塑教室，让所有的教学资源实现一体化连接。

例如，一些现代化的高校教室已经基本实现了"室联网"，教室通过 PAD 连接中心可以连通学生终端、课程学习平台、硬件装备等软硬件资源，不仅如此，它还可以将学生的学习过程、精彩观点即时在线分享。

"室联网"教室可以激发学生的学习兴趣和求知欲，促进学生之间的合作与交流，引导学生进行更多的探究性学习。5G 与 AI、AR/VR 等新兴技术的结合应用将为智慧教学带来新的变化。例如，它能虚拟自然灾害过程、分子的合成过程、天体系统的运动过程、英语口语的陪练过程等多样化的学习情境，让学生身临其境，获得沉浸式学习体验，提升学生学习的主动性。

打破课堂时空限制，实现无边界教学

在传统课堂教学中，师生之间的交流发生在固定的空间内，下课铃声一响，教师在一节课内的教学任务也就结束了。网络教学消除了传统课堂教学的时空限制，在移动互联网场景下，利用在线学习平台，教师和学生可以实现随时随地的教与学。

教师可以将录制好的学习视频发布在平台上，供学生在课前预习、课后交流和学习。学生可以根据自身的需求，有重点、有选择地预习或复习。学生与学生之间可以借助课程平台进行在线讨论，教师与学生可以借助课程平台进行在线问答，师生交互不再受教室、学校等空间范围的限制，交互时间也不再受课堂 45 分钟的限制。利用 5G 可以迅速连接更多、更广的学习空间的特点，未来课堂的时空界限将变得模糊，未来教育将以学生为中心形成个性化、定制化的移动"小课堂"。

5G+VR：让知识触手可及

2018 年 12 月 25 日，工业和信息化部印发《关于加快推进虚拟现实产业发展的指导意见》，该文件明确提出：大力发展 VR 产业，到 2025 年，我国虚拟现实产业整体实力进入全球前列。进入 5G 时代，教育行业将迎来一场重大变革。

其中，随着 5G、云 VR 在教育行业的广泛应用，将创造一种全新的教学模式，推动整个教育行业发生颠覆式变革。

2018 年，教育部办公厅印发《2018 年教育信息化和网络安全工作要点》（以下简称《要点》）。《要点》明确了教育信息化年度重点工作任务，VR 技术在教育行业的应用赫然在列。《要点》要求全国各高校、职业教育学校、中小学推动信息技术与教育教学深度融合，推动大数据、人工智能、虚拟现实等技术在教育领域的深入应用，明确教育部各部门的职责，全面推动教学信息化 2.0 时代的到来。

现阶段，教学模式呈现个性化、智能化的特点，教师可以利用智能技术深度了解每个学生的情况，根据学生的具体情况有针对性地制订培养方案，引导学生开展个性化学习。未来，在整个教育互动的过程中，云 VR、5G 的应用将成为必备环节。

在传统的教育模式中，学生的学习场所固定，知识获取渠道单一，学生学习的积极性不高。而在 VR 技术创建的虚拟学习环境中，学生可以尝试体验虚拟实验室，亲眼"观看"天体运动，"观察"微观世界等，直观地获取知识，加深对知识的理解。

在 5G 网络环境下，VR 教育将拓展出更多的应用场景。VR 教育拓展的三大应用场景如图 11-1 所示。

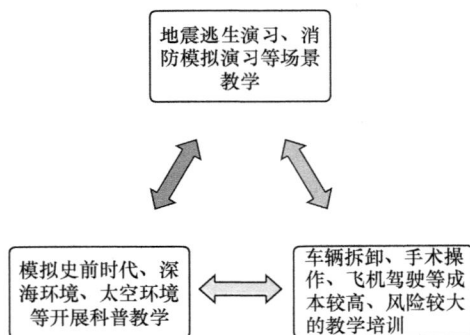

图 11-1　VR 教育拓展的三大应用场景

- 借助 VR 教育，很多过去无法实现的场景教学将实现落地，例如，地震逃生演习、消防模拟演习等。

- 借助 VR 教育，师生可以模拟很多车辆拆卸、手术操作、飞机驾驶之类成本较高、风险较大的教学培训，提升学生的实践能力。

- 借助 VR 教育，学校可以模拟史前时代、深海环境、太空环境等，开展科普教学，增强学生的感知体验，拓展学生的课外知识。

在此趋势下，学校要积极创建 VR 教育生态体系，引入相关的软硬件设备装备 VR 教室，聘请 VR 领域的专家优化教学管理、内容管理、课堂管理等系统，合理控制学生进入 VR 场景的时间与节奏，保证可以顺利开展 VR 教学活动，将 VR 技术在教学领域中的作用充分释放出来，真正实现寓教于乐。

总体来看，VR 教育的现有终端已经比较成熟。教育行业想要普及 VR 教育类应用，不仅需要学校努力，还需要政府部门、内容制作平台、终端企业共同发力。在 5G 网络环境下，VR 教育可以实现云化，改善学生的学习体验，降低用户的使用门槛，推动 VR 教育实现更好的发展。

"课堂超市" 与个性化学习

目前，数字教材的建设正在快速推进，不同的在线学习平台已经相继推出了不少具有特色的数字教材。与传统课堂的教育资源相比，网络教学资源具有多重优势，例如，动态性强、趣味性高、交互性强、便捷、丰富、低价等。

利用 5G 技术可以构建一体化的课程资源仓库，该仓库拥有丰富的数字资源，例如，虚拟影像、视频、动画、图片、音频、课件、文献资料、互动测试等。这个仓库就像一个"课堂超市"，可以为学生提供自主选择所需要的各种资源，为教师因材施教的教学模式提供资源保障。

现代教育主张激发学生的多元化潜能，传统的大班授课很难实现。学生与学生之间在学习基础、学习行为习惯，以及身心发展方面存在一定差异，传统的大班授课在师资力量和学习条件方面存在限制，导致教师很难面向不同的学生开展差异化教学。"课堂超市"的出现解决了这一难题。"课堂超市"可以利用大数据、人工智能等技术分析和挖掘学生的学习偏好，预测学生的学习效果，并根据分析和预测结果有针对性地向学生推送学习资源包，让教与学变得更精准和高效。

"课堂超市"可以为学生学习提供更多的选择，但更多的选择也意味着更难甄别学习资源的质量。因此，"课堂超市"要求学生具备较高的信息搜索能力，从大量课程资源中挑选出适合自己的优良资源。同时，"课堂超市"也对教师向课程平台上传课程资源提出了要求，即要求教师筛选、研发、上传优质的课程资源，始终将课程资源的质量放在第一位。

总而言之，5G 时代的到来必将带来课堂教学改革。教学理念、教学目标、教学资源、教学方式、教学过程等方面都将经受前所未有的冲击，未来，学校的课堂教学必将走向智能化，呈现全时空、广受众、多样态、自定义的新态势。

混合式教学：实现名师资源共享

5G 时代，学校课堂教学将迎来重大变革，其模式将以"线上自主探索 + 线下互动研讨"的混合式教学为主，这种混合式教学将颠覆传统的班级授课方式，其最显著的特征是线上学习与线下学习相融合。

在混合式教学模式下，学生将在网络环境中借助智能手机、平板计算机、笔记本计算机等移动终端设备根据自身学习目标开展个性化、自主式、自适应的学习。在整个学习过程中，学生将主动确定自己的学习目标、学习进程，主动选择课程内容，主动评估学习效果。这种教学方式有别于传统的大班授课的教学方式，其实施流程包含以下几个阶段。混合式教学的三大实施流程如图 11-2 所示。

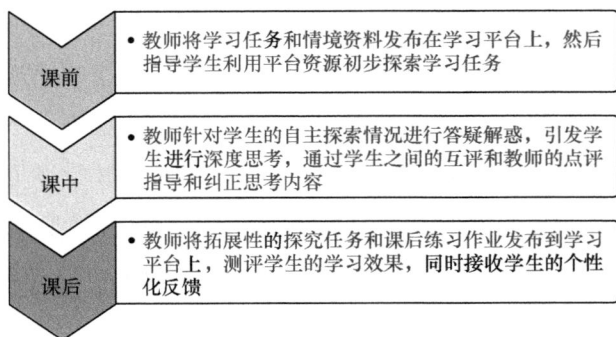

图 11-2　混合式教学的三大实施流程

混合式教学不再局限于一节课由一位教师主讲，而是可能采用"双师授课""多师授课"的教学模式。针对偏远地区的学生，有关部门只需引入"一块连接网络的屏幕"就能使他们接受良好的教育。据报道，成都七中教师曾通过远程分享向偏远地区的学生进行授课，在授课期间，当地教师主要负责组织、辅助和监督学生完成学习任务。

"双师授课"和"多师授课"需要网络技术和硬件设备的支持，教师可以从云端服务器下载视频、图像、文本来实现交互式教学。过去，移动通信网络技术的限制导致教学资源下载、调用速度缓慢，远程教学经常出现中断、时延等问题，人机交互、生生交互、师生交互的实现难度比较大，远程教学效果和学生的体验感较差。5G 技术的应用将很大程度上解决这类问题，促进名师教学资源的快速分享。

在未来课堂中，真实教师和虚拟教师可能会同台授课，名师的学生将遍布各地，"师生比"将不再是教学资源分配的主要依据。教学的发展将对教师提出更高的要求，这又能反过来促进教师专业的发展。借助网络空间人人通[4]工程把名师教学资源转化成网络课程资源，从而实现优质教学资源的辐射、分享，这不仅可以解决优质教育资源分配不均的问题，还可以降低教育成本。

---

4 网络空间人人通是指学生、教师、管理者、家长等多个主体之间的交流、分享、沟通、反思、表达、传承等活动的载体，能够支持学习者进行个性化学习，鼓励学习者之间进行交互的一种网络设计产品。

第12章 K12智能教育：AI重塑教育形态

"AI+K12教育"模式落地

近年来，在不断更迭的科技的推动下，教育形态发生了巨大改变，从K12教育、高等教育到企业培训，整个教育行业迎来了一次全方位的技术革新。K12教育在教育行业一直存在"重服务、高人力成本"的难题，而"AI+K12教育"在降低成本、提高效率方面提供了很大的空间。

"AI+K12教育"：让个性化学习成为可能

在人工智能时代，学习的主场已经不再只局限于学校。"学生"扮演的角色更加多样化，他们既是教育的对象，也是K12教育体系的主体。随着人工智能技术的不断进步，K12教育应该针对学生的个性发展建立与之对应的教育体系。

现阶段，人工智能已经在多种教育场景中得到应用，例如，构建个性化学习体系、实现自适应学习等。一些数据分析应用能够利用智能算法记录和汇总学生的相关数据，包括学习过程数据和学习结果数据等，形成相应的能力图谱，并及时反馈给学生。更重要的是，这些应用可以通过大数据分析为学生提供个性化的学习资源，促使学生自主学习。

另外，一些人工智能虚拟家教还兼具批改作业、陪练、答疑等多种功能，能够为学校教师分担职责，让学生在非学校场景下获得定制化的学习体验。人工智能可以帮助教育减负：一方面可以给教师充当"私人助手"；另一方面也可以让学生的学习更有趣、更轻松。总之，人工智能与教育的结合，不仅可以让教师的教学方式发生变化，还能充分发挥学生的主观能动性。

"AI+K12教育"应用的两大类型

在人工智能技术的帮助下，越来越多的教育科技企业致力于将人工智能技术引入 K12 教育领域，细分应用涉及诸多方面，例如，语言学习、课堂教学、课外辅导等。艾瑞咨询发布的数据显示，针对当前的 K12 教育环境，人工智能应用主要有两大类型。"AI+K12 教育"应用的两大类型见表 12-1。

表 12-1 "AI+K12 教育"应用的两大类型

应用类型	具体功能
工具类 AI	工具类 AI 可以帮助教师了解学生的学习情况，是实用的教学辅助工具，但不能代替教师独立完成教学工作
教学类 AI	教学类 AI 可以独立完成教学的练测过程，可以高度模拟名师的教学方法和教学策略，帮助学生实现自适应学习。有了教学类 AI，教师就可以从繁重的教学工作中解脱出来，专心辅助学生学习，监督学生落实学习任务

"AI+K12教育"落地的路径

目前，尽管致力于 K12 人工智能教育产品研发的企业越来越多，但实际诞生的产品却较少，能够实现盈利的企业更少。一直以来，教育科技企业不断宣称要在 K12 阶段的教育中实现 AI 应用的落地。但事实上，目前 K12 教育采用的仍是传统教育与在线教育相结合的模式，很少能将 AI 真正应用其中。

那么，对于教育科技企业而言，阻碍 AI 技术在 K12 教育领域应用的痛点在哪里呢？结合实际情况来看，想要推动"AI+K12 教育"模式真正落地，教育科技企业必须把握以下 3 个方向。

1. 教育科技企业需要真正理解教育行业

教育科技企业想要开发出符合教育规律的产品，必须全方位地理解教育。企业研发智能教育产品的初衷是提高教师的教学效率，辅助学生更高效地学习，而不是让机器取代教师。例如，相较于人工智能解题类产品来说，人工智能辅导的应用效果可能更好。

教育行业的一些特点让教育科技企业在研发人工智能教育产品时必须转变观念，要先吸引用户，对用户进行转化，全面实现产品的教育价值。

教育决策的单价比较高，不仅要付出现金成本，还要付出时间成本。因此，家长与学生在选择教育产品时一定会多方对比、深思熟虑。在这种情况下，企业想要开发一款优质的智能教育产品，需要投入大量资金，并且要做好内容。

2. 人才储备是当务之急

与传统教育相比，AI 教育可以解决两个重要问题：一个是教育资源分配不均的问题；另一个是教育成本过高的问题。但目前 AI 教育也存在一些缺点，例如，产品同质化现象严重、企业盲目跟风、无法准确评估教学的效果等。教育科技企业和学校都需要 AI 技术教育领域的专业人才，但目前这类人才比较匮乏。教育科技企业想要实现转型和持久发展，关键在于人才储备和技术赋能。教育科技企业之间的竞争主要是人才的竞争，具体表现在以下 3 个方面：一是 AI 人才的竞争，二是教育专家的竞争，三是工程师团队的竞争。

3. "内容 + 场景 + 数据" 三位一体

在教育领域，AI 技术创新不是为了追求技术的高端化，而是为了达到理想的教育效果，其关键在于要将内容、场景、数据相结合，从而实现可交付的效果。

目前还无法准确评估人工智能教育的教学效果，因为要达到这一目的需要海量、精准的数据，而学习数据正是目前教育企业所缺乏的。尽管一些教育企业开始从线下转到线上，也积极建立学习题库，或创新一对一教育模式，但一直难以解决数据缺失的问题。教育行业对学习数据还没有建立一个完整的闭环，数据缺失会导致人工智能无法进行有效评估，也无法推动教育工作的持续改进。

AI 教育想要落地，教育场景比较困难。现阶段，学生的主流学习场所依然是学校，他们会将大部分时间花费在传统模式的学习上。因此，目前 AI 教育的主要探索方向应该是尽可能地利用人工智能技术将内容、数据和场景结合起来。

智能教育核心服务

"智能教育核心服务"是指通过封装人工智能技术，并将其整合为开放服务，依托智能教育平台提供的 AI 算法技术与大数据分析处理能力，面向 K12 教育的具体应用场景，为学校、教师与学生提供"技术"与"业务"两种服务。

智能教育技术类核心服务

智能教育技术类核心服务面向具体的 K12 教育应用场景，从技术层面对人工智能通用技术进行封装、定制，让各类 K12 教育应用产品能够快速集成 AI 技术与服务，这些技术与服务要具有友好的交互界面和简单易用的接口。从产品应用层面来看，在技术类服务的支持下，教学活动的参与者可以快速获取 AI 能力。因此，这类服务又被称为"人工智能代理"，它有四大功能。"人工智能代理"的四大功能见表 12-2。

表 12-2   "人工智能代理"的四大功能

功能	具体描述
人机交互技术	主要功能是促使人与计算机交换信息，包括语音识别、语音合成、情感交互等技术
自然语言理解技术	支持人与计算机利用自然语言开展有效通信，包括机器翻译、问答系统、机器理解等技术
知识图谱技术	从本质上看，知识图谱就是构建语义网络，将各类信息整合在一起形成关系网，利用网络中的关系分析和解决问题
生物特征识别技术	可以利用个体的生理特征或行为特征对个体身份进行识别，包括语音识别、人脸识别、指纹识别等技术

智能教育业务类核心服务

智能教育业务类核心服务面向具体的 K12 教育应用场景，从业务层面推动人工智能通用技术与业务流程相融合，打造个性化的学习过程、精准化的教学过程和科学化的管理过程，赋予应用产品开展个性化教育的能力。

从应用产品的角度来看，这类服务从技术层面为个性化教育的实现扫除了障碍，使应用系统可以围绕服务开展业务，因此这类服务又被称为"人工智能助手"。具体来看，智能教育业务类核心服务主要体现在以下 3 个方面。智能教育业务类三大核心服务如图 12-1 所示。

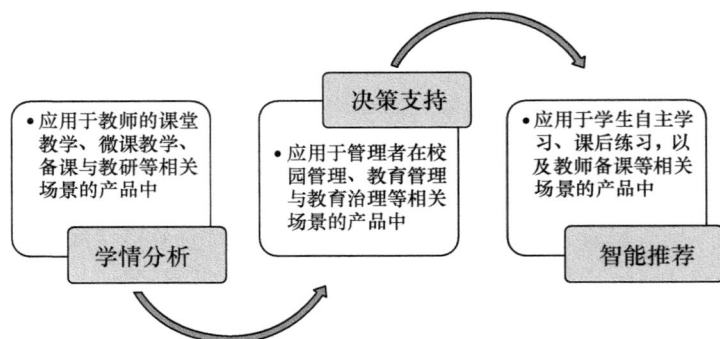

图 12-1 智能教育业务类三大核心服务

- **学情分析**。学情分析服务可以将学情数据、教师教学数据整合到一起，利用数据挖掘技术与学情分析技术分析数据，让教师全方位掌握学生的学情信息及学情分布情况。目前，学情分析服务在教学预设、课堂教学、备课、教研等场景中实现了广泛应用。

- **决策支持**。决策支持服务以教育管理数据、行为数据及相关行业数据为基础，在 BI 分析[5]、数据可视化、业务建模等技术的支持下，为管理决策提供数据支持与监控、模拟及模型预测服务。决策支持服

---

5 BI 分析即商业智能（Business Intelligence）分析，是一种自动化的数据管理方式，能够随时随地地获取数据，分析各类问题。

务在校园管理、区域教育管理和教育治理等场景实现了广泛应用。

- **智能推荐**。利用自适应考试、全学科阅卷、智能口语测评等技术，充分分析学生的学业诊断数据和行为数据，以学生的学习目标、学习习惯、学习风格、对知识点的掌握情况为依托，通过对学生进行知识图谱的构建，为学生推荐个性化的学习资源。目前，智能推荐服务在自主学习、课后练习等场景实现了广泛应用。

自适应学习：颠覆传统学习模式

什么是自适应学习

顾名思义，"自适应"即自我调节和匹配，具体是指根据数据特征自动调整处理方法、顺序、参数和条件，取得最佳的处理效果。自适应学习利用算法分析获取学生数据，将分析结果反馈给知识图谱，为学生提供个性化的学习内容。

自适应学习与传统教学的区别主要表现在教学方式方面：传统教学一般以班、组为单位开展，教学内容、课程进度由教师统一安排，学生练习与测评的题目统一；自适应学习以学生个体为单位，学习内容与学习进度可以根据学生的具体情况定制，练习与测试题目也能做到高度个性化。

1. 自适应学习的起源

自适应学习起源于美国。20 世纪 90 年代，美国出现了一种 ITS，该系统可以按照学习水平将学生分为不同类型，根据学生类型为其设置合适的学习路径与内容。这是一种比较粗略的个性化教育，和分班教学比较相似。

由于 ITS 功能不够精细，所以自适应学习自诞生以来一直不温不火。系统功能方面的问题主要是无法明确学生分类的数量。从理论上来说，分类越多越好，但分类越多，对机构测评能力及教研能力的要求就越高，一般机构很难达到这种高要求。即使部分在线教育机构能够满足这种高要求，但成本的提高导致产品售价上涨，超出普通用户的承受能力，机构就会失去大部分用户。

近几年，随着人工智能技术的迅猛发展，自适应学习焕发出新的生机与活力。以人工智能技术为依托，自适应学习系统不仅可以细化分类，还可以根据学生的学习情况动态调整学习内容与学习路径，实现规模化的个性化教育。

2. 自适应学习的 3 种工具

如何才能让自适应学习效果达到最佳呢？实际上，这需要学习工具的有力支持。一般来说，自适应学习的工具分为 3 种，分别为自适应内容工具、自适应评估工具和自适应序列工具。学校与教育机构可以利用这些工具收集并分析学生的各项数据，并根据每位学生的具体情况和实际需求有针对性地为其设置学习内容、测试方法和学习顺序，帮助学生开展个性化学习，实现个性化发展。

（1）自适应内容工具

目前，市场上份额最大的自适应学习工具是自适应内容工具，这种工具可以根据学生的具体情况提供问题提示、学习材料等个性化反馈。利用自适应内容工具可以让学生的学习内容变得更加个性化。自适应内容工具可以广泛搜集与学生学习相关的内容，为学生提供独一无二的学习资源和学习线索。目前，自适应内容主要分为教学课程类自适应内容和教学游戏类自适应内容。

代表性的自适应内容工具有 CogBooks、Dreambox Learning，两种自适应内容工具对比见表 12-3。美国亚利桑那州立大学与加利福尼亚州圣何塞市的 3 所政府特许学校分别对教学课程类自适应内容和教学游戏类自适应内容进行了实践应用，结果证明，自适应内容可以有效提升学习效果。

表 12-3　两种自适应内容工具对比

比较项	GogBooks	Dreambox Learning
类别	教学课程类自适应内容工具	教学游戏类自适应内容工具
对象	无特殊年龄限制	幼儿园到八年级
学科	生物、历史	数学

（续表）

比较项	GogBooks	Dreambox Learning
作用方式	线上课程	线上游戏＋线下辅导
考虑因素	自信心指数与自测成绩、完成练习时间、回答问题表现等	游戏主题、角色及故事线、对知识的掌握程度、学校教学情况
使用学校	亚利桑那州立大学	加利福尼亚州圣何塞市的 3 所政府特许学校
使用效果	课程完成率显著提高 76% ～ 94%，退课率显著降低（从 15% 降至 1.5%）	数学成绩显著提高

（2）自适应评估工具

想要有效检验学习成果，就不得不提及考试测验，这是目前世界上公认的公平、有效的一种方式。但是，这种测验方式也存在严重的弊端，即无差异性的测验时间和测验内容会导致严重的同质化，使学生像流水线上的产品，无法展现自己的个性，也无法满足社会对多样化人才的需求。

自适应评估工具是一种可以自动调节测验内容的难易程度和出现顺序的工具，它可以为学生定制个性化的测验内容。具有代表性的自适应评估工具有研究生入学考试（Graduate Record Examination，GRE）和研究生管理科学入学考试（Graduate Management Admission Test，GMAT）测试题，这两套试题可以根据答题者的表现自动调整接下来试题的难度和顺序，如果答题者连续答对题目，试题的难度就会越来越高。

自适应评估工具经常被用来测试学生在学习上是否有所进步，其应用场景主要有两类：一类是在课堂结束后检查学生掌握知识的程度，特点是以练习为主，形式比较多样，持续时间较短；另一类是考察学生长期的学习成果，特点是以基准测试为主，形式上比较正式，持续时间较长，可以根据测试结果为学生量身打造学习方案。

（3）自适应序列工具

与其他自适应学习工具相比，自适应序列工具更复杂，也更具综合性。自适应序列工具以学生具体的学习表现为基础，需要持续收集学生的学习数据，并利用算法与预测性分析给出个性化的学习方案，其作用过程主要分为收集数据、分析数据和调整学习内容 3 步。自适应序列工具的作用过程如图 12-2 所示。

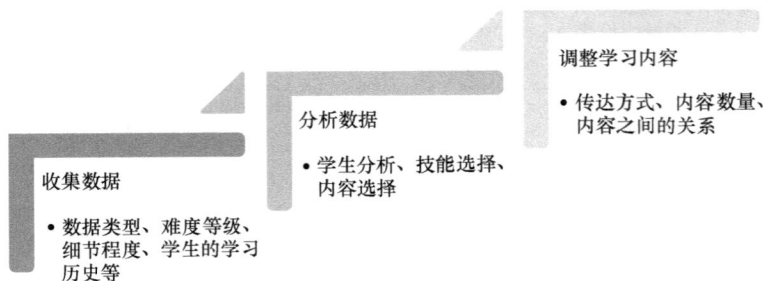

图 12-2　自适应序列工具的作用过程

　　想要改变学习序列，首先需要收集相关数据，主要考虑的数据有 3 类：第一类是数据类型；第二类是知识的难度等级和概念的细节程度；第三类是学生的学习历史。在收集完相关数据后，自适应序列工具会分析学生掌握知识的情况，具体可以从 3 个角度进行分析：一是从学生的角度分析；二是从技能选择的角度分析；三是从内容选择的角度分析。完成数据收集与分析之后，还要根据分析结果调整学习内容，包括内容数量与传达方式的调整及作业与学习资源的规定等。

　　在调整学习内容环节，自适应序列工具一方面要考虑学习内容的传达方式，另一方面要考虑可以提供的内容数量，同时还要考虑内容之间的关系。自适应内容工具、自适应评估工具、自适应序列工具都是实现自适应学习的有力工具，三者经常结合使用。其中，自适应序列工具和自适应内容工具的区别在于是否收集实时数据。目前，国际市场上较为普及的自适应序列工具有 Fishtree、Brightspace Leap 和 Knewton。

自适应学习的场景应用

　　自适应学习可以促进个性化学习，其重点在于收集与分析学生的学习数据，这可以将教育数据的应用价值充分发挥出来。近几年，自适应学习的应用场景不断增多，主要表现在以下 3 个方面。

1. 语言培训

作为文化的载体，语言也是文化的核心组成部分。所谓语言培训，是指让人在接受一段时间的学习与训练之后，获得运用某种语言能力的培训。结合大数据和实时语音识别技术，自适应学习可以为语言培训提供重要支持。在传统语言培训的过程中，人们经常遇到"哑巴英语"的现象，这主要源于两点：一是缺乏语言学习的环境；二是语言培训产业无法对练习结果进行量化，导致培训效果良莠不齐。

2. 教育游戏

广大学生更喜欢教育性与趣味性相结合的教育游戏。在信息时代，智能电子设备广泛普及，为教育游戏的发展奠定了良好的基础。如果能在教育游戏中加入自适应学习，就能更好地监测学生的游戏进程，同时也能通过收集和分析游戏数据不断调整游戏的内容，为学生提供个性化的学习方案。

教育游戏的特点有很多，例如，目标明确、目标有一定的意义、存在多个目标结构、难度级别可以调节、拥有随机的惊喜元素、具备评分系统等。教育游戏搭建了一个开放的游戏框架与游戏环境，让游戏玩家可以从一个全新的视角认识世界。除了游戏自带的工具，益智游戏玩家还可以利用自己掌握的知识与技能解决问题。

在游戏过程中，游戏玩家扮演某个角色，必须在恶劣的游戏环境中获取新知识、新技能才能生存下去。在这种情况下，游戏玩家必须详细研究周围的环境，这个过程对玩家的耐心、注意力、观察力、专业知识、逻辑思维能力等都是一个很大的考验。

例如，芝加哥科学与工业博物馆的官方网站支持访客玩一款名为《生存模式》的游戏，这款游戏专门面向青少年，研究极端情况下人体各个系统的变化。在玩游戏的过程中，游戏玩家不仅可以享受克服障碍的愉悦，还可以全面了解人体结构。另外，青少年还可以学会编写简单的程序。

目前，教育游戏研发的最大挑战是如何将评估系统嵌入游戏，对学生在游戏中的行为进行反馈。教育游戏评估系统最大的特点是可以跟踪、记录学生的行为路径，通过预设节点对学生进行测试，根据学生的学业成绩调整游戏的级别与难度。教育游戏评估系统如图12-3所示。

3. 教育测评

作为提升教育质量的有效手段之一，教育测评具有多方面的作用，例如，帮助学生提高学习效率，

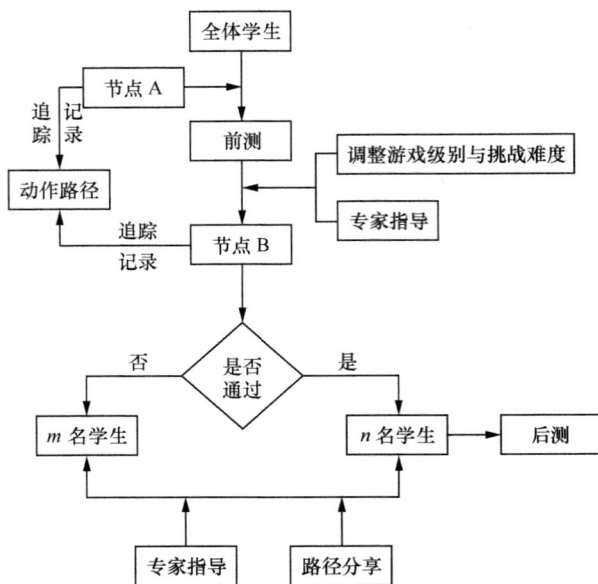

图12-3 教育游戏评估系统

促使教师进行专业化发展、优化教育结构、促进教育长期发展等。

然而，现阶段的教育测评存在很多弊端，例如，采用"一份测试定乾坤"的模式，即利用一份试卷进行一次测试来评判教育质量，忽视学生的个体差异。向教育测评领域引入自适应学习，一方面可以将学生间的个体差异、学生自身状态变化等纳入测评范围；另一方面可以根据学生的答题情况实时调整测试内容，这样不仅可以有效提升教育测评的准确性与科学性，还可以更加客观、全面地反映学习效果。

以数学在线学习平台——ALEKS为例。ALEKS不仅是面向K12教育的在线学习平台，还是面向高等教育领域开放的在线教育平台。在测评过程中，学生对前一道题的回答会对下一道题的难度产生直接影响，学生前一次测评的成绩也会对下一次测评的难度产生直接影响。ALEKS分析学生测试成绩的工具很有特色，主要是运用其自创的"知识空间理论"和组合数学、随机过程相关模型对测评结果进行数学语言分析。每次测评结果主要从3个维度用图表的方式呈现，这3个

维度分别为学生对知识的掌握程度、进步情况及与历史成绩的对比。ALEKS 根据测评结果为学生提供自适应指导，提高学生的学习效率，同时也为教师减轻教学负担。

自适应学习的应用案例

自适应学习颠覆了传统的学习模式，拥有广阔的发展前景。但是，目前人们对自适应学习的研究并不多，其在教育中的应用也相对较少。因此，了解相关的成功案例是十分必要的。Knewton 拥有 900 万用户，是目前全球服务范围较广、用户人数较多的自适应学习产品。Istation Reading 是读写领域的一颗"明珠"，其最大的特点之一是可以让学习活动实现可视化和游戏化，可以有效应用于教室场景之中。

本小节以 Knewton 和 Istation Reading 为例，对自适应学习的教育应用进行分析和解读。

1. 自适应学习平台 Knewton

2008 年，自适应学习平台 Knewton 正式创立。作为全球自适应学习平台的典范，该平台拥有强大的实时推荐引擎，可以提供 3 项核心服务，分别为针对学生、教师和内容提供商的学习内容推荐服务、学情分析服务、内容洞察与分析服务。该平台可以根据对学情的实时分析不断优化学习内容和教学过程。

（1）Knewton 运行机制

Knewton 运行机制主要建立在两大基础之上：一是教育路径规划技术；二是学生能力高级模型。它们可以结合知识图片为内容打分，根据分数高低排列呈现内容的前后顺序，将更优良的学习内容推送给学生。

Knewton 学习平台主要由 3 部分组成，分别为数据基础结构、推断基础结构和个性化基础结构。自适应学习平台 Knewton 的运行机制如图 12-4 所示。

- 数据基础结构：负责学生的学习目标、学习兴趣、学习风格等个体信息的整合与分类，处理学生学习过程中产生的实时数据。

- 推断基础结构：该结构主要包括三大引擎，分别为心理测量引擎、学习策略引擎和反馈引擎，负责评估学生能力和学生接收知识的程度，并向学生反馈评估结果。
- 个性化基础结构：主要负责向学生推荐合适的学习内容和预测学生的测量指标。

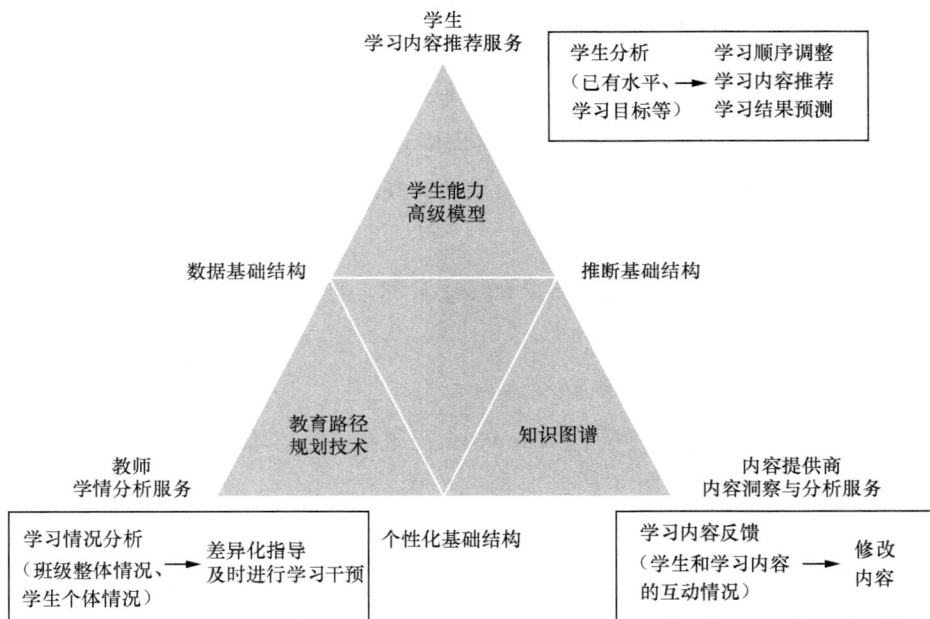

图 12-4　自适应学习平台 Knewton 的运行机制

（2）Knewton 所取得的成果

Knewton 学习平台为了提高推荐的准确性，采用了大数据分析技术，随着学生人数的不断增加，其推荐的内容也会越来越精准。同时，为了减少学习的孤独感，该平台会在学生学习特定概念时自动向其推送其他学生的学习路径，并将这些学生联系起来。Knewton 自适应学习平台经过多年实践取得了较好的教育成果，主要表现在提高考试通过率、降低辍学率和提升学习效果 3 个方面。

2. 自适应评估系统 Istation Reading

1998 年，Istation 公司正式成立，其产品主要涉及 3 个方面，分别为阅读与写作、西班牙语、数学，优势在于可以提供丰富的动画和游戏教育技术。Istation Reading 是 Istation 公司旗下一款读写自适应评估系统，主要提供线上阅读、写作课和线上测评等服务，其受众为从幼儿园到高中三年级的学生。为了激发学生的兴趣，提高学生的参与度，该系统采用游戏的方式提供服务，所有课程、活动和测试都以游戏的形式呈现。

（1）Istation Reading 运行机制

在正式学习之前，Istation Reading 会为每位学生提供一项前测（Istation's Indicators of Progress，ISIP）服务，这项测试服务主要用于了解学生的初始能力水平，内容包括听力理解、音位知识、字母知识、词汇、拼写、阅读理解、阅读速度等。完成测试后，系统会根据测试结果将学生分成不同的小组，并根据小组水平自动调整游戏的难度。学生每学习一段时间之后，系统都会再次评估学生的能力水平，并不断优化游戏内容。该系统所有的测试都设置了时间限制，可以准确地了解学生的阅读水平，其学习流程主要包括前测、学生分组、教学内容、课程分配和后测循环等。

（2）Istation Reading 所取得的成果

美国佛罗里达中心大学的国际阅读研究中心曾经将 Istation Reading 自适应评估系统引入部分公立小学进行测试，在为 250853 名学生进行为期一学年的学习效果检测后，这些学生的阅读水平都有了显著提升。

未来，随着参与者越来越多，自适应学习领域将涌现更多的成功案例，为 K12 在线教育带来更多可能。

应用优势与产品开发

自适应学习自提出以来就是一个比较"火"的概念。相较于普通的"互联网 + 教育"来说，自适应学习更契合在线教育与互联网技术的发展，它可以以学生产生的各类数据为基础，为其匹配个性化学习方案，提高学生学习的质量与效率，充分挖掘学生的学习潜力。

1. 自适应学习的三大应用优势

在大数据时代，实现个性化学习需要新的推动力，自适应学习就是其中之一。作为一种新兴的技术手段，自适应学习在多个方面具有突出作用，例如，它不仅可以实现碎片化学习、优化个性化学习路径，还可以完善教学内容和策略。因此，自适应学习可以作为实现个性化学习的坚实基础，其有以下三大应用优势。

（1）师资优势：优化教学内容与策略

在一对一辅导或一对多辅导的过程中，教师的素质和能力一直是家长最关心的问题之一。传统教学机构想要脱颖而出，需要拥有强大的师资力量，这也是其核心竞争力。教师资源分配不均是教育领域一直存在的问题，不同地区的学生无法得到相同高素质、高学识教师的辅导，导致不同地区的学生的学习效果存在较大差异。

人工智能在线教育可以打破时空限制，利用高级算法准确分析和判断每位学生学习的薄弱点，并有针对性地进行日常讲解和课后练习。同时，人工智能拥有强大的学习能力，可以掌握大量的知识点。在教学上，自适应系统甚至能做到人类教师做不到的一些事情。

（2）内容优势：制订个性化学习路径

升学率一直是衡量学校教学质量的一种重要标准，于是，有些学校通过"题海战术"将学生训练成了"做题高手"。虽然这种学习方式具有一定的效果，但也在很大程度上消磨了学生的学习热情。

自适应系统可以消除传统教学的弊端，通过文字、图片、视频等多种形式为学生提供丰富的学习内容，激发学生的学习兴趣。更重要的是，人工智能可以通过学前测试发现学生的特长与不足，并有针对性地向学生推送个性化的学习路径。

（3）时间优势：利用碎片化时间高效学习

在线教育可以大幅度降低学生学习的时间成本。学生通过自适应学习系统学习，这样可以避免不必要的奔波，只需要一台智能终端，例如，智能手机、笔记本计算机或平板计算机，就能利用碎片化时间实现个性化学习。在这种模式下，学生甚至可以与其他校区的同学一起探讨交流，接受不同学校名师的指导。

2. 自适应学习产品的开发方向

自适应学习产品始终遵循"收集数据—构建学习模型—输出学习建议"的基本原理。其中，构建学习模型是最复杂的环节之一，涉及多个学科的内容，包括计算机科学、数据科学、机器学习、认知科学、教育测量学和学习心理学等。

基于此，自适应学习产品的开发团队既要具备强大的技术素养，又要对教育及其周边行业有深刻理解，只有这样才能完成相关产品的科学设计。目前，许多教育科技企业纷纷涌入"自适应＋教育"领域，相关产品主要有四大开发方向。"自适应＋教育"产品的四大开发方向如图 12-5 所示。

- 自适应＋K12 在线教育：此类产品基于平台自身的题库、作业数据或学校考试数据库开发而成，需要企业具备强大的数据获取、分析和加工能力。

- 自适应＋STEAM 教育：代表企业有 Wonder Workshop。在机器人硬件和数据分析软件的支持下，Wonder Workshop 可以通过分析学生数据为其提供个性化的教学内容，从而激发学生学习编程的兴趣，提高整体的学习效果。

- 自适应＋语言教育：主要代表有在线英语教育企业，这类企业可以为学生提供英语课程和相关工具。英语教学的自适应学习经验已经趋于成熟，测评也基本实现了标准化，加上英语学习材料和题库

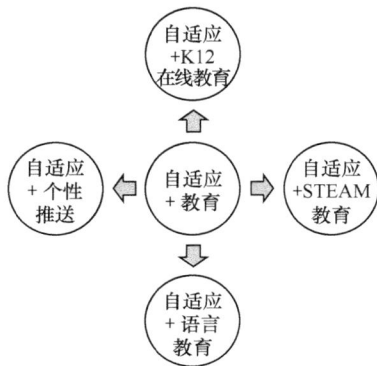

图 12-5 "自适应＋教育"产品的四大开发方向

数据十分充足，因此，在此领域开发自适应学习产品相对容易。

- 自适应＋个性推送：代表企业有 Newsela[6]。Newsela 可以通过科学算法分析和判断学生的英语阅读水平，然后根据英语阅读水平将学生划分成不同的层级，并为其推送与其阅读水平相匹配的有趣的阅读材料，帮助其提升阅读能力。

6　Newsela是一个美国K12个性化阅读学习的平台。目前，Newsela主要覆盖K12阶段的课程，同时也提供其他课程，例如，社会科学、自然科学、英语、数学等。目前已经有超过2000万名学生和180万名教师在使用Newsela，其已覆盖美国90%的学校。

第四部分

教育大数据

第 13 章　数据智能：教育大数据的 5 个层次

教育大数据是一座可以持续开采的"宝藏"，只有充分挖掘和应用这一无形资产，才能实现数据资产的增值。未来，各国在教育大数据上的对抗将成为国际教育竞争的主要方式。教育大数据的重要性不言而喻，因此我们需要对教育大数据有一个充分且清晰的认识。教育大数据可以划分为 5 个层次，分别为国家层、区域层、学校层、课程层和个体层的教育数据。教育大数据的 5 个层次见表 13-1。

表 13-1　教育大数据的 5 个层次

层面	具体内容
国家层教育数据	主要指由各区域教育数据汇集而成的数据
区域层教育数据	主要包括学校、社会培训机构、在线教育机构等产生的数据，其中包含多种国家标准规定的教育数据，例如，教育行政管理数据、区域教育云平台数据、区域学生竞赛活动数据、社会培训与在线教育活动数据等
学校层教育数据	主要包括学校管理数据、课堂教学数据、教务数据、校园安全数据、设备使用与维护数据、教室实验室等使用数据、学校能耗数据、校园生活数据等，其中学校管理数据包括学校概况、学生管理、办公管理、科研管理、财务管理等数据
课程层教育数据	主要包括课程基本信息数据、课程成员数据、课程作业数据、课程资源数据、师生交互行为数据、课程考核数据等，这些数据都是围绕课程教学产生的，其中课程成员数据主要指学生在课程学习过程中产生的个人信息数据
个体层教育数据	主要包括教职工基础信息数据、学生基础信息数据、用户行为数据、用户状态描述数据等。其中，用户行为数据包括学生学习行为记录、管理人员操作行为记录、教师教学行为记录等数据；用户状态描述数据包括学生的学习兴趣、学习动机、健康状况等信息数据

国家层面：驱动教育政策科学化

在大数据时代，国家可以更加方便、快捷、全面、精准地收集和分析数据，国家教育决策的制定也更加依赖教育数据。那么，如何采集和分析教育数据呢？传统的做法是利用简单的统计进行数据采集和分析，但因为数据采集渠道有限，所以通过这种做法往往难以采集到足够的数据。另外，利用传统方式采集到的教育数据只能反映一段时间内国家教育发展的部分状况，难以发挥数据的预测价值，不能为国家教育政策的制定提供科学、系统的参考。

利用大数据技术采集和分析教育大数据具有以下三大优势：一是能够实现数据的海量采集和分析；二是实现数据采集途径的多元化；三是能对数据进行深度挖掘。教育数据之间、教育数据与其他行业数据之间往往存在各种各样的内在联系，利用大数据技术可以很容易地发现这些联系，快速构建系统性教育发展模型，为国家教育政策的制定与调整提供参考依据。

2002 年，美国颁布《教育科学改革法》，该法案明确规定必须基于实证数据开展教育改革与决策，这让美国成为最先确定教育数据战略地位的国家。科学的教育决策可以降低整体教育成本，提升教育质量，促进教育公平。

另外，教育大数据还可以用于学生的学籍管理，为学生办理电子学籍，推行"一人一号"的学籍管理办法，持续记录每个学生的学业数据、全面发展数据，建立全国联网的学生成长档案库。将学生的学籍信息数据与家庭、教师、学校等数据相结合，通过数据分析制定全国高考招生与录取政策、学生就业政策、资源分配政策、学生择校政策等，并不断优化和完善这些政策。

有人预言，未来的教育将进入大数据驱动时代，人们应该以积极的态度迎接这个时代，利用大数据对教学内容、教学方法、学生的学习过程等进行分析，进一步改善教学方法，提高学生的学习成绩。

区域层面：实现区域教育均衡

一直以来，我国教育事业的发展始终面临一个重大的现实问题，即区域教育发展不均衡。想要解决这一问题，就需要利用大数据技术，实时了解区域教育的发展动态，准确把握影响区域教育均衡发展的关键因素，全面推动教育环境均衡、教育资源均衡、教育机会均等、教育质量均衡等的进程。

不同区域的教育现状往往不同，利用大数据技术一方面可以缩小区域间的教育差距，另一方面能使各区域根据自身情况和发展需要构建独具特色的区域教育发展路径。

目前，我国大力推行统一学籍信息管理制度，这不仅有利于我国教育大数据的采集与分析，更有利于这些数据的管理与应用。利用大数据技术可以全面且及时地采集、监控、更新、分析和处理学生的入学、转学、休学、退学等数据。

不仅如此，利用大数据技术还可以将教育管理数据与学生的家庭收入、户籍、医疗、保险、交通等数据结合起来，开展关联性分析和综合分析，及时发现贫困生、择校生等类型的学生，对有困难的学生给予必要的教育帮助。这种做法不仅可以有针对性地为学生提供教育支持服务，还能保障每一位学生获得同样的优质教育机会。

另外，我们还可以基于大数据技术建立区域教育发展数据采集机制，为教育决策者提供学生在校学习数据和毕业工作信息，帮助他们对区域教育质量做出客观评价，并根据评估结果对教育专业、课程计划和培养方式进行调整，从而实现区域教育体系的优化，实现教育与社会需求之间的无缝对接。

📚 学校层面：提升学校教育质量

随着智慧教学管理平台的陆续建立，大数据将进一步推动学校的教育改革。借助大数据的优势，学校不仅可以提升管理质量、教学质量，还可以完善教育评价体系，推动数字校园建设，促进学校管理实现数字化和网络化升级，努力创建校园办公自动化系统、资产管理系统、教务管理系统、科研管理系统等，为教育管理数据的实时采集和深度挖掘创造条件。目前，我国有不少高校已经开始利用大数据技术开展教育管理服务。

以浙江大学为例，该校利用大数据技术系统采集并整理校园设备资产数据，能够为学生提供设备查询与分析服务，这不仅提高了校园设备管理的效率，还大大提高了实验室、教室、仪器、设备等资源的利用率。

江南大学利用大数据、物联网技术全面监控学校用水、用电等数据，并基于数据分析对校园能耗进行全面优化，降低了资源浪费。

学校还可以利用大数据工具辅助开展教师招聘工作。学校在掌握了应聘者的个人信息之后，可以利用大数据技术对这些信息进行分析，找出最适合本校的教师。例如，美国部分高校经常利用大数据工具辅助开展教师招聘工作，利用大数据技术综合分析应聘者的学位、专长、经验等因素，然后结合面试结果综合评定所聘用的教师。

学校利用大数据技术不仅可以提高学校管理服务的质量，还能通过分析海量教学数据制订新的教学方案，打破千篇一律的传统教学模式，实现高质量、个性化的教学。大数据技术可以用来全面记录学生的成长过程，科学分析学生的发展情况，帮助学生更好地了解自己，同时也能帮助教师预测学生的学习成绩，制订科学的教学方案，进一步提高教学质量。

加拿大 Desire2Learn 科技公司研发出一套"学生成功系统"，这是一套针对高校学生的系统，能够根据学生的学习成绩数据预测其在未来学习中的表现，然后向教师发送分析结果。教师可以根据这一结果调整教学方案，对学生进行个性化指导。

大数据技术还可以应用于学生的学业成就评价和教师的教学质量评价，将学生数据存储到电子学习档案袋中，将教师的教学数据存储到电子教学档案袋中，然后利用大数据技术分析电子档案袋中的数据并建立科学的发展模型，每隔一段时间就对学生的学习状况和教师的教学状况进行评价，同时向学生和教师提供相应的发展建议。

此外，在学校的科学研究活动中，大数据技术的应用也能产生积极影响。教研人员可以利用教育数据进行教育研究，例如，通过深度挖掘教育数据发现教育问题的本质，并制订应对策略，从而研发出一批高质量的实证教育成果。

同时，也能够通过多维度的大数据分析指导教育研究工作的方向，让教研人员准确把握教研前沿议题和发展趋势。

课程层面：构建完善的课程体系

目前，我国正在积极推动教育转型，例如，部分高校教育开始向应用型大学转型，这一转型计划顺应了高等教育的发展趋势，满足了社会发展对高等教育提出的要求。高校教育转型往往会围绕以下两个问题展开：一是如何设置专业；二是如何设置课程体系。这就需要相关人员全面采集和深入分析专业、行业、区域经济、社会发展等多个方面的数据，充分了解市场对人才的需求，制订培养应用型专业人才的目标，构建人才能力素质模型，设置配套的专业课程体系。

目前，我国建立了较为完善的学籍管理系统、教务管理系统、学位管理系统等，教育部门和各类高校借助这些系统积累了大量的学生数据，包括学生入学数据、毕业数据、专业设置数据和课程设置数据等。不过，这些数据大多处于"休眠"状态，没有被很好地利用起来。如果学校可以系统分析各届学生的成绩、课程、就业等数据，就能找出影响学生成绩和就业的关键因素，并根据这些因素适当地调整学校的课程，优化教学方案。

在大数据技术的支持下，学校能够跟踪教师的授课过程，总结教师的教学特征和教学优势，为教师分配更合适的教学课程和教学任务，帮助教师实现更好的教学效果。同时，教师可以利用智能网络教学平台分析并判断学生的学习兴趣、知识积累、学习偏好和学习难点等，对学生进行个性化的教学指导。

分析学生的在线学习数据可以构建大量的预测模型，预测出具有学习困难、退学风险的学生，从而及时干预。

以美国普渡大学的"课程信号"项目为例，该项目是大数据教育应用的一个典型案例，在国际上享有盛名。在"课程信号"项目建设中，普渡大学构建了课程学习预警平台，可以采集大量的学生学习数据，然后利用预测算法分析这些数据，计算出学生在课程学习中获得成功的概率。同时，教师也可以根据预测结果为学生提供帮助和指导，帮助学生更好地掌握课程内容。

学生在点击、浏览、收藏、评价课程资源的过程中会留下操作痕迹，如果能利用大数据技术对这些操作记录进行分析，就能够得到以下信息：一是能客观评价课程资源的受关注度；二是能客观评价课程资源界面设计的合理性；三是能客观评价课程资源导航的高效性；四是能客观评价这些课程资源对学生学习效果的影响。这些客观评价能为学校完善课程资源的结构和内容提供支持。

个体层面：引领个性化精准教学

现有的人才培养模式已经无法满足社会发展的需要，大数据创造了条件和机遇。未来的人才培养模式将从大众化培养模式转向个性化培养模式。

在教育领域，人才培养的两个核心主体分别是学生和教师。学校利用大数据技术可以实现学生和教师的个性化发展：一方面，学校可以利用大数据技术让学生和教师充分认识自己的优势、不足、兴趣、偏好、风格、发展目标等；另一方面，学校可以为学生和教师提供个性化发展的环境、资源、活动、工具、服务等。大数据能帮助学生和教师认识真实的"自我"，并能通过深度挖掘和分析学生的学习行为数据和教师的教学行为数据，为学生和教师推送合适的学习资源与学习路径。

网络学习需要在大数据的支持下才能充分发挥"个性化"的优势，一旦失去了大数据的支持就无法真正了解每一位学生，自然也无法为学生推送个性化的资源和服务。互联网的发展让教育变得越来越普及，而大数据技术的发展则让教育变得越来越个性化。

教师能在大数据技术的帮助下记录每个学生的学习轨迹，持续关注每个学生的学习和发展状况，分析学生的学习行为，预测学生的学习结果，了解学生的学习需求和学习中存在的问题，从而真正做到因材施教。

在这个过程中，教师不仅是教学者，还是能帮助学生实现个性化学习和发展的指导者。在大数据技术的支持下，传统的学习管理系统将转型升级为智能学习平台。它能持续采集学生的学习数据，并根据数据分析建立学生模型，向学生推送合适的学习资源，给学生提供合理的学习建议，帮助每位学生实现个性化发展。

大数据技术能提高教师的学习效率和教学效率，赋予教师在线教学智慧，提高其教学研究的绩效，提升其在线服务学生的能力。另外，还能提高教师的管理效率和在线教学的能力。

教师的专业发展体现在以下两个层面：一是体现在教师需要具备专业思想、专业知识和专业能力；二是体现在教师需要成为一个独特的教学个体。在大数据的支持下，教师不仅能认清自我，发展教学个性和教学智慧，还能灵活地开展个性化教学。

第 14 章　大数据在教育管理领域的应用路径

大数据在教育管理中的应用

大数据的特点决定了其能够广泛应用于各个行业，在教育管理领域，大数据的应用有助于推进教育的信息化、数字化进程。要在教育管理中应用大数据，首先应该把握教育大数据的特点，让其价值实现最大化。

教育大数据的特点

教育大数据的三大特点如图 14-1 所示。

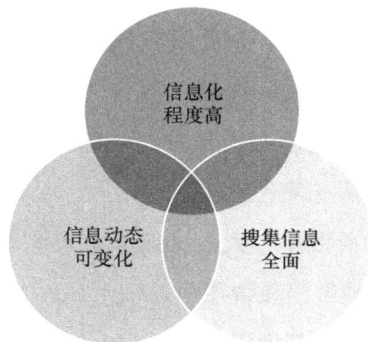

图 14-1　教育大数据的三大特点

1. 信息化程度高

教育大数据要发挥其价值、获得广泛应用，需要借助传感技术、云计算技术等才能够实现。因此，教育大数据的信息化程度高，能够更好地适应教育行业的发展。

2. 搜集信息全面

由于教育管理涉及学校工作的方方面面，因此教育大数据具有比较大的信息容量。在搜集数据的过程中，除了需要对常规的教学、管理等基本信息进行挖掘，还要对学生的学习状态、心理状态等具有重要价值的数据进行深入挖掘，保证搜集的信息尽可能全面。

3. 信息动态可变化

教育数据不是一成不变的，它会跟随教育工作的进程不断更新。因此，教育大数据也应该是动态变化的。

教育大数据的应用价值

1. 丰富数据信息，完善参考资料

在教育管理工作中，为了避免决策失误，往往需要搜集大量的信息作为参考。但传统的资料搜集方法存在诸多弊端，例如，决策之前进行的信息搜集能够获得的信息量是有限的，其不具有理想的参考价值；搜集的信息质量参差不齐，人工难以进行有效的甄别和筛选等。

教育大数据则可以保证获取的信息可靠、准确，可以进行科学的教育决策，降低决策过程中可能存在的风险。从数据量来看，教育大数据的信息量远远超过传统方式获取的信息量；从内容来看，教育大数据涵盖了学校内外所有与教学管理相关的信息；从数据处理方式来看，教育大数据可以利用信息技术和设备进行分析，数据价值可以被深度挖掘。

因此，在教育管理中利用教育大数据能够有效地丰富数据信息，完善参考资料，辅助相关人员更好地做出教育决策。

2. 革新管理系统，提升创新意识

与传统的教育管理中使用的数据相比，教育大数据不仅形式与其不同，内

容上更是具有本质差异。因此，为了获取和使用教育大数据，需要升级学校的信息和管理系统。

首先，教育大数据的出现需要学校的数据管理系统进行革新。在应用教育大数据之前，学校日常教学和管理工作虽然会积累大量的数据，但对这些数据的价值缺乏充分认识，数据处理工作也未获得重视。因此，学校原有的数据管理系统不具有处理教育大数据的能力，需要不断被革新。除了引入先进的数据处理技术，也需要升级与学校数据管理系统关联的各个环节，从而具有应对教育大数据的能力。

其次，教育大数据的出现改变了学校传统的管理思路。由于学校工作涉及多个领域，很多事情的发生具有比较强的随机性和不可控性，因此传统的学校管理重点在于事后管理，即在出现问题后再提出解决方案。教育大数据包含了丰富的信息，通过对教育大数据进行处理，学校管理部门一方面能够及时预测事件发生的概率，另一方面在事件发生后也能够尽快给出有针对性的解决方案，从而保障学校的各项工作能够正常进行。

最后，教育大数据的出现推动了学校创新工作的开展。基于对教育大数据的分析，可以获得数量可观的具有价值的信息。这些信息有利于增强学校内部人员的创新意识，推进学校创新性工作的开展。

3. 改变管理思路，变化决策方式

学校管理经常面临各种各样的决策，而以往的决策往往依靠管理人员的经验和直觉，决策方式过于主观，容易受决策者的认知限制。随着教育大数据在教育管理中的地位不断提升，其作为教育决策的重要参考，使得教育决策的过程变得更加科学，从而可以减少教育决策中的失误。

在以教育大数据为重要依据的决策过程中，管理者的角色有所转变，其主要任务是发现问题、阐述问题、对问题进行分析以及搜集相关数据，然后挖掘数据信息，发现其与目标问题的相关性，为教育决策指明方向。

另外，网络作为承载教育大数据的平台，既可以传播信息，也可以交流信息。因此，学校管理者在进行教育决策时也可以参考相关的教育资讯以及专业人士的建议，提高决策的创新性和科学性。

大数据驱动的教育评价变革

随着大数据技术的不断发展，越来越多的行业、企业开始利用大数据技术来获取所需的信息，教育行业也不例外。在教育评价领域，大数据应用不仅有利于获得更多更真实的原始数据，挖掘更多与教育有关的有价值的信息，而且有利于构建更科学的教育评价理论与体系，进行更精准的教育评价，打造一个更真实、客观、公平的评价生态。在大数据的驱动下，教育评价可以从以下 4 个方面变革。

促进教育评价途径更加多元

教育系统具有开放性，其中一个颇具生命力的子系统就是教育评价系统，这种系统的建设不仅可以体现教育生产的价值判断，而且可以体现教育行业的发展方向。在建设过程中，教育评价系统要广泛汲取先进的方法与理念，根据不同的目的和场景设计不同的评价标准。

传统的教育评价获取学生信息的方式与渠道都比较单一，获取的数据也相对较少，不具有广泛的可比较性。在引入大数据技术后，教育评价系统可以为评价方提供更加多元化的数据，并允许各方共享。评价方可以基于不同的评价需求，利用不同的评价模型加工数据，从不同层面对学生进行评估，以保证评估结果的准确性、科学性。

随着国内教育与国际接轨，教育的开放程度越来越高，利用大数据技术开展大范围的教育测评逐渐成为一种流行的范式，典型代表有国际学生评估项目（Program for International Student Assessment，PISA）第三次国际数学与科学研究（Third International Mathematics and Science Study，TIMSS）等，这些测评项目面向全球几十个国家和地区的大学生。在数据采集、处理、存储等方面，大数据技术的应用不仅提高了数据的处理效率，而且降低了存储数据的成本。

促进教育评价数据更加真实

准确的教育评价应该建立在海量数据及证据的基础之上。一个科学的教学评价应该充分考虑不同时期的教学效果，并将其作为最强有力的证据之一。一个优质的评价模型就是要为教学评价提供证据并合理地使用，这里的证据是指学生学习、生活方面的数据。

在目前新兴的数据存储技术中，区块链技术是大数据应用的典型代表。区块链可以将所有的交易信息记录下来，保证数据真实可信，基于这一特点，区块链本身就可以形成征信，为教育评价征信的建立提供了一个新思路，为教育评价"存证难""循证难"等问题提供有效的解决方案。

在教育评价区块链中，数据信息存储在带有时间戳的链式区块中，因此它可以被追溯、可以被验证。在区块链中，任意两个区块可以通过密码相连接，掌握了该密码就可以对任意一个区块上的数据信息进行追溯。只要保证区块链上的数据真实、可信，就能有效解决信息"存证难""循证难"的问题。

教育评价区块链可以将学生的学习成长信息真实地记录下来，这些信息将成为教育评价的重要依据。在从幼儿园到大学毕业进入社会的整个学习生涯中，教育评价区块链不仅可以记录学生的学业信息，还可以记录学生的信誉表现，生成个人诚信链。

促进教育评价主体更加自觉

借助于大数据技术，可以大幅提升教育评价主体的自觉性，各利益主体会主动共享评价成果。教育评价主要建立在学生学习情况的基础之上，学习情况涵盖的内容丰富，包括学生的学习成绩、学习态度、个人兴趣、特长、意志品质、在某个学习阶段的学习情况等。

在传统的教育评价中，学生学习数据的生成和管理由学校全权负责，其他利益相关主体只能被动参与，甚至有可能被排除在外。大数据对零散的数据信息进行整合，将学生的个人资料转变为动态的学习数据集，支持学生及家长、教师等相关主体对这些数据进行整合分析，从而全面地了解学生的学习情况。

在大数据的支持下，评价主体可以根据学生的学习数据集对其学习情况进行分析评价，将评价结果记录下来，让学生评价更客观、全面。

- **从横向看，** 学校、教育行政部门、教师、家长、企业等都可以通过获得授权来获取各方的评价数据，通过对评价数据进行分析获得综合的评价结果。

- **从纵向看，** 评价方可以收集分析学生整个学习历程的数据，全面了解与科学地评价学生的发展轨迹，例如，过程性评价、发展性评价或增值评价等。

使教育评价结果更加公平

传统教育评价有一个很大的弊端就是集中于某种倾向的权威性，评价过程总围绕某个"中心"进行，而且这个"中心"一直在变，可能是教师、学校管理者，也可能是教育行政部门或者第三方评价机构等。在评价过程中，因为各评价主体的利益不一致，他们无法相互协作，这在一定程度上形成了不对称的信任机制，导致评价结果过于片面。

大数据技术用于教育评价，可以将所有评价主体聚集在一起，共同创建一个可靠性较高的数据库，利用分布式技术与共识算法创建一个全新的信任机制，共同维护每一个最终可能用于评价的数据节点与区块。在保密机制的作用下，数据集中的所有数据信息都很难被篡改，切实保证了数据的真实性与准确性。

同时，借助分布式存储与数据查询分析技术，数据可以在网络中自由流动，通过"全网见证"将所有信息真实地记录下来，从而打破数据垄断，消除部门之间的数据壁垒，解决传统教育评价模式过度依赖某个"中心部门"的问题。

教育行业引入大数据技术之后，教育评价大数据技术可以实现跨部门、跨区域的维护与利用。评价主体可以根据需要自由地选择评价对象，评价主体之间相互信任，从而建立更深的合作关系。另外，大数据技术可以高效处理区块链中的数据，让数据在某个范围内呈现公开状态，让教育评价结果更客观、更公正。

📖 如何有效利用教育大数据

云计算、大数据、物联网、人工智能等技术的赋能属性使其能够广泛应用到社会、文化、经济、生活等各个领域。教育作为与国民素质息息相关的行业，信息技术的注入不仅能够改善教育手段，更有助于创新教育理念和模式，为教育行业的发展注入源源不断的动力。

教育大数据作为教育过程中产生的重要资源，有助于教育过程的信息化、先进化改革。教育大数据的应用能够优化教学过程、改善教育管理、提升教育质量。为了有效利用教育大数据，我们要利用到三大策略。有效利用教育大数据的三大策略如图 14-2 所示。

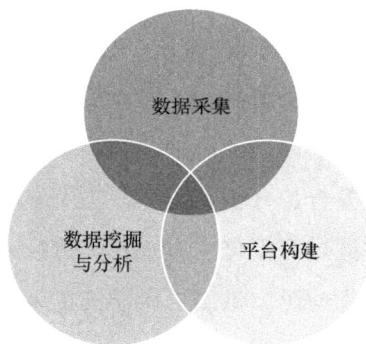

图 14-2 有效利用教育大数据的三大策略

🎓 数据采集：提升教育管理质量的前提

要提升教育决策和教育管理的质量，首先要做好数据采集工作，用于获取数量庞大、类型丰富的教育数据。为了做好数据采集工作，首先应该培养教师和管理人员的大数据意识，发掘数据在教育管理中的价值。

教育管理工作涉及多个环节，数据来源比较丰富，数据类型比较多元，因此这就决定了教育大数据的采集具有一定的复杂性，需要进行自然、全面、持续、动态的采集，这也是有效利用大数据的基本保障。教育大数据与在传统教育过程中获取的数据具有本质的区别，教育大数据的采集也与传统教育数据的获取方式存在很大的差异。教育大数据的采集可以借助图像识别技术、视频录制技术、平台采集技术和物联网感知技术等，从而提高搜集和处理数据的能力，保证数据采集过程的数字化和信息化。

随着移动互联网相关技术的不断发展，未来将有更多新兴技术被应用到教育大数据的采集之中，进一步提升教育大数据对教育管理的价值。

平台构建：提供科学的教育决策支持

教育过程中产生的数据通常比较庞杂，教学信息、学生信息、管理信息等都包含在内，其中既有大量历史数据，也有随着教学活动开展产生的新数据。如果只是简单地录入和统计这些数据资源，不仅数据处理效率低，而且难以挖掘出其中所蕴含的价值。

而构建教育大数据处理平台则能够更好地整合教育过程中的数据信息，优化教育决策。专业的大数据处理平台可以从教育系统的各个应用平台中获取庞大的数据，然后对其进行整合、分析和挖掘，进而发现教育过程中有价值的信息和可能存在的问题，并通过可视化的方式将其进行直观展示。以平台挖掘的大数据信息为依托，教育管理可以做出更科学的决策，从而满足师生等相关人员的个性化需求。

在建立大数据处理平台方面，学校可以根据自身的实力和资源来规划。学校既可以自主建立校内的信息平台，收集日常教育管理中的数据，并进行大数据分析，也可以与其他学校或教育机构合作，建立共享数据信息平台，在收集和分析校内信息的同时参考其他相关教育机构的信息，进一步提升学校管理的信息化水平。

数据挖掘与分析：实现数据的有效利用

要实现数据资源的有效利用，首先需要对数据进行充分的挖掘和分析。基于大数据的特点，其分析需要借助统计分析、可视化分析等一系列智能分析技术。学生学习是教学工作的重点，因此与学习相关的数据也是教育大数据的主要组成部分，在对其进行挖掘的过程中需要对学习过程进行量化和建模，并借助机器学习、人工智能等技术深入挖掘这部分数据资源。

大数据的核心价值在于根据已知的信息预测未知的事件。因此，学习分析技术需要教育工作者收集、测量和分析学习过程中产生的数据，通过建立模型认识，理解学习过程和学习行为，为未来的教学工作提供有力的参考。

利用基于大数据分析建立的预测模型，教育工作者不仅可以了解学生的学习过程，还可以有效避免在教育管理中出现失误，从而提升教育决策和教育管理的信息化、科学化水平。

第 15 章　基于大数据的智慧校园建设与实践

大数据在智慧校园中的应用

2018 年 6 月 7 日，中国国家标准化管理委员会发布《智慧校园总体框架》国家标准，规范了智慧校园总体系统架构、智慧教学环境、智慧教学资源、智慧校园管理、智慧校园服务以及信息安全体系。自此，智慧校园建设工作在各级学校全面展开。

智慧校园是指借助物联网技术连接校园内的各种智能设备，为师生提供个性化服务和智慧化的综合信息服务平台。智慧校园建设涵盖教学环境、教学资源、校园管理、校园服务、信息安全体系等多个方面，每个方面都会涉及相关数据的处理。因此，有必要推进大数据在智慧校园中的应用。

大数据技术可以充分采集和挖掘智慧校园建设中产生的数据资源，并对数据资源进行专业化的分析和处理，使结构不一、形式多样、数量庞大的信息可以发挥出巨大的价值，为学校的各项教学和管理工作进行数据化引导，为智慧校园建设提供有力的保障。

基于大数据分析的信息管理系统

想要建设"安全、稳定、环保、节能"的智慧校园，需要学校全面分析招生、就业、师资力量等方面的数据资源，在此基础上构建的学校数据管理支持平台至少要具备以下三大功能。学校数据管理支持平台的三大功能如图 15-1 所示。

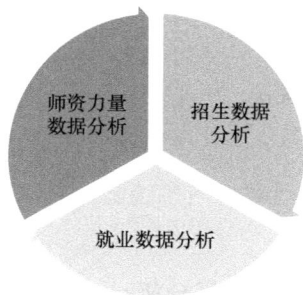

图 15-1 学校数据管理支持平台的三大功能

1. 招生数据分析

学校以往的招生资料中往往包含丰富的数据信息，例如，招生数量、性别、专业、生源地等。通过对这些数据进行处理和分析，学校不仅可以制订更科学的招生计划，而且也有助于开展教学工作和学生管理工作。

2. 就业数据分析

对高等院校而言，收集历年毕业生的就业数据是一项非常重要的工作。学校有必要对这些就业数据开展深入挖掘和分析。应用大数据技术挖掘就业数据，可以从以下 3 个方面展开：

- 分析不同专业学生的就业率等数据，为不同专业的学生提供就业指导；
- 根据学生的就业情况和市场反馈等信息，有针对性地调整学校的课程设置；
- 对比招生和就业数据，分析其中的联系，就业指导招生能优化学校的专业设置和资源配置。

3. 师资力量数据分析

师资力量对学校的发展具有重要的影响，要构建智慧校园必须对学校的师资力量进行分析。通过应用大数据技术，学校管理者可以分析学校教师的年龄、职称、学历、岗位、科研水平等数据，发现师资队伍中的薄弱部分，合理调整师资配置，指导教师的考核和培训，构建一支综合素质高的师资队伍。

大数据在教学管理中的应用

应用大数据技术构建智慧校园，有助于更好地开展学校教学管理工作，可以有效提高管理效率。

1. 提供可靠的教研数据支持

通过大数据技术可以综合分析各个教师的情况，例如，任教科目、科研水平、职位水平等。同时，借助这些数据信息绘制比较准确的教师画像，从而推进学校教研工作的开展。

2. 对学生的行为进行相关的数据分析

学校的活动主要是围绕学生展开的，因此，对学生的行为进行相关的数据分析不仅有利于教学工作的开展，更有利于提升学校的综合实力。借助大数据技术，可以分析学生的考试成绩、课堂表现、请假次数和爱好特长等，为学生绘制全面的个性画像，以便于教师制订教学方案，供学生调整学习计划。

大数据在后勤服务中的应用

1. 分析学生的校园卡数据

学生的校园卡包含丰富的数据信息，例如，学生在校园内的就餐、购物等消费行为，以及学生进出图书馆、体育馆等场所的行动轨迹。校园卡中的数据可以描绘出学生的行动轨迹、饮食习惯、阅读偏好等，利用大数据技术收集和分析校园卡中的数据，可以为学生制订生活计划提供支持，也可以推测出图书馆等校内场所的人流量。

2. 分析健康数据

在智慧校园的一体化环境中，借助各种应用服务系统，将教学、科研、管理与校园生活充分融合，大数据技术不仅可以收集和分析教学相关的数据，还可以收集和挖掘学校师生的健康数据，以便学校更加清晰地了解师生的健康状况，为师生提供有针对性的体检项目和形式多样的锻炼活动。同时，也能让师生了解自己的健康状况。

基于大数据的智能提醒服务

以物联网、云计算、大数据等新技术为依托，智慧校园可以与每一个校园内的个体相连，并为其提供个性化的服务，智能提醒就是其中一项重要内容。

利用大数据技术可以分析学生和校内工作人员的相关事项，并为其制订个体行动规划，还可以在此基础上根据不同的角色和场景，提醒个体处理相关事项。例如，可以为学生提供上课提醒、考试提醒、运动提醒、学分完成情况提醒等，可以为教师提供备课提醒、培训提醒等，可以为学校管理人员提供会议提醒、清洁提醒等。而且，根据教师和学生的需求，智能提醒系统可以不断完善，以便更好地提供智慧校园服务。

智慧校园的建设与实践路径

对于未来的学校教育而言，促进学生的全面发展需要借助先进的技术构建智慧校园，在教学内容、方式和形式上推进教育改革，在调动学生学习积极性的同时，提高学生的学习能力，使学生达到良好的学习效果。在大数据时代，构建智慧校园能够提高学校的办学质量，促进学校培育出应用型、创新型和服务型的人才。

构建智慧校园要以人才培育为导向，它具有以下特征。

- 在业务层面上，智慧校园比传统校园更重视人才培育。同时，智慧校园也更加重视跨专业教育，它能够利用先进的技术融合人才培养模式、社会服务体系和科学研究体系等，建立健全满足学生个性化发展需要的新型教育模式。

- 在技术层面上，物联网、云计算、大数据、AI、VR、社交网络等技术的兴起与运用一方面为建设数字校园提供了技术保障，另一方面丰富了数字校园的技术形态。校园信息数据的交流和共享较为重要，可以通过利用智能人脸识别技术感知研究对象、利用大数据建立相应的模型来实现。

对于教育机构而言，智慧校园建设可以从以下三大层面着手。智慧校园建设的三大层面如图 15-2 所示。

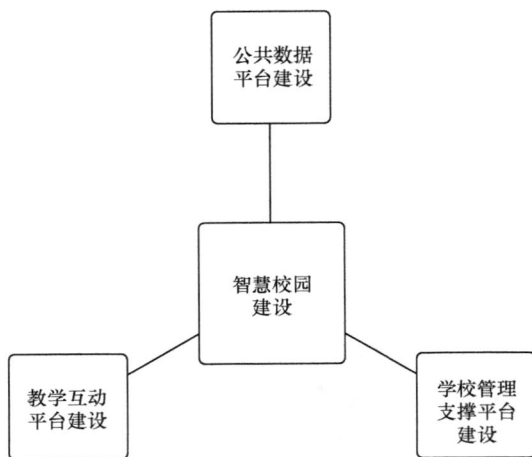

图 15-2　智慧校园建设的三大层面

公共数据平台建设

建设智慧校园首先要建设公共数据平台。作为智慧校园建设的基本形式之一，公共数据平台可以汇集学生的各种信息，实现多层次信息共享。教师可以提取和分析学生信息数据，有效解决教育中存在的各种问题，更好地实现这些数据信息的价值。

建设智慧校园需要构建一个可以实现信息数据共享的公共数据平台，这一平台可以让学校内的各种服务机构实现信息共享，提高运用信息数据的效率。另外，学校也可以通过建设公共数据平台加强学校信息数据的流通，促使学校开展不同的管理模式。

📇 学校管理支撑平台建设

学校想要提高教学质量，凸显人才培育的力度，更有效地建设智慧校园，还需要建立管理支撑平台。具体来看，学校管理支撑平台主要包含以下三大功能。

1. 为学校招生、就业等提供帮助

在招生过程中，学校管理支撑平台可以利用大数据系统和信息技术全面掌握学生的信息，确保招生工作的顺利进行。例如，学校管理支撑平台可以利用大数据技术获取学生的专业、特长、学习经历等信息，并根据这些信息制订科学的招生计划。

2. 帮助学生建立职业生涯规划

学生的学习模式和工作模式在未来都可以借助学校管理支撑平台来完成。在该平台的帮助下，学生可以在学习过程中充分发挥自身的优势，不断提高自身的综合素养。该平台对学生职业生涯的规划是会根据学生的信息变化不断进行调整的，这是一个动态的规划方案，这种动态性可以确保学生实施职业生涯规划的有效性。

3. 提高财务信息数据的有效性

由于学校性质的特殊性，对学校的财务数据进行分析也是很必要的。大数据技术可以收集学校以往的财务数据，筛选其中有价值的信息，再结合学校的实际情况，生成财务数据分析报告。根据财务数据反映的信息，学校可以制订合理的财务预算并优化资源配置。另外，对学校财务数据进行大数据分析也有助于执行学校的管理工作，从而打造"节能"校园。

📇 教学互动平台建设

在大数据时代，建设智慧校园还需要建设教学互动平台。任何出色的教学工作都离不开良好的互动。师生之间的有效互动可以构建良好的师生关系，让学生的学习过程更愉悦，让教师的教学过程更科学，从而提高教学质量，保证

教学效果。智慧校园建设既需要加入学科研究、实训、订单式培养等元素，又需要融入互动模式，彰显教育的引领作用。

例如，许多高校为了促进学生就业，选择与企业合作开展就业教育。在校企合作模式下，学校在安排学生前往企业参加实训的同时，也需要安排学生与教师进行定期的交流与互动：一方面让学生向教师倾诉实训时遇到的烦恼，排解内心的压力；另一方面也能让教师了解学生的实训模式，根据学生的实际情况为他们解决实训中遇到的问题。同时，在校企合作的过程中，学校与企业之间的良好交流也是必不可少的。学校通过自建的教学互动平台，可以与企业进行交流和互动。

总体来说，在大数据时代，传统学校的教育机制已经不能满足智慧校园的需要。现代学校需要有效利用大数据技术推动自身教育体系的建设，提高人才培养的质量。对于整个教育行业来说，以培养人才为导向建设智慧校园是重要使命。智慧校园可以开展智慧型人才教育，推进智慧型文化传承，实现智慧型人才培育，向社会输送更多的创新型人才。因此，着力建设智慧校园是促进教育发展的一种重要举措。

大数据应用存在的问题与对策

大数据技术的核心价值在于处理庞杂的数据，挖掘其中的有效信息。在建设智慧校园的过程中，大数据技术可以收集智慧校园中各个智能终端的信息，通过对数据的处理和分析发现校园活动的规律，进而应用于智慧校园的建设。但是，目前在智慧校园建设中大数据应用还存在一些明显的问题，对其进行分析有助于探寻问题的解决方案。

智慧校园建设中大数据应用存在的问题

目前，随着我国各高校智慧校园建设的持续推进，大数据的应用价值得以充分彰显，但同时大数据技术在应用过程中也暴露出一些问题，具体体现在以下 4 个方面。

1. 大数据专业人才缺失

自开展智慧校园的创建工作以来，各个学校均推出一系列有力的举措，设立相关部门，并有序开展相应的工作。在智慧校园建设的过程中，人才是关键，尤其是大数据技术专业人才。由于专业人才缺乏，宝贵的数据资源难以得到全面的收集和充分的挖掘。

2. 技术、设备较为落后

智慧校园建设需要以新兴信息技术为基础，而技术的实施需要以先进的设备为依托，具有良好功能的先进设备是学校信息化、智慧化的保障。由于资金等方面的限制，智慧校园建设中应用的大数据技术和设备比较落后，这严重阻碍了智慧校园的建设。

3. 安全性有待提升

大数据技术在应用的过程中存在一些缺陷，其中较为显著的一点是大数据技术的安全性问题，如果相关数据丢失、损坏或泄露，将有可能带来不可估量的损失。

4. 资源浪费普遍

虽然学校中的数据来源不尽相同，但由于数据挖掘的目的均是更好地推进学校的教学管理工作，因此应将所有的数据组成一个统一的整体，不同部门之间也应该充分共享数据。但目前在智慧校园建设中，大数据的应用存在明显的"数据孤岛现象"，数据被重复采集、数据标准不统一造成了严重的资源浪费。

智慧校园建设中大数据应用的对策

1. 打造高素质的人才队伍

智慧校园建设需要以大数据、云计算、物联网等信息技术为基础，而这离不开一大批掌握信息技术和了解学校工作的人才。要打造高素质的人才队伍，学校一方面可以引进专业的数据人才，满足智慧校园建设中大数据应用的要求，另一方面可以培养校内科技人才，通过专家培训、外出学习以及实践锻炼等方式培养校内教职工的大数据技术素养。

2. 加强技术研发的力度

在智慧校园建设中，学校管理层以及教职工都需要转变观念，提高对大数据等信息技术的认识。在学校政策层面，应该加大对技术研发的支持，提供充足的资金和专业的培训等，为员工提升技术提供有力的保障，为智慧校园建设奠定良好的基础。

3. 构建信息安全体系

任何领域都需要重视信息安全问题。智慧校园建设要构建信息安全体系：首先，要搭建可靠的信息安全架构，建立有效的信息安全应急预案，制订完善的规章制度；其次，都应该注意防控智慧校园建设的各个环节，降低数据信息丢失和泄露的风险。

4. 构建完善的数据库

想要发挥大数据技术在智慧校园建设中的作用，构建完善的数据库是根本保障之一：首先，应该充分采集数据信息，科学管理不同结构、不同类别的数据；其次，应该有效使用数据资源，科学确定数据资源的使用权限；最后，应该建立共享数据库，充分挖掘数据的价值。

后记

大数据、5G、AI 等新兴技术的发展及其与传统产业的融合已经成为我国数字经济发展的新引擎，它们对人们生产和生活的各个方面都产生了深远影响。教育作为决定民族振兴和社会进步的重要领域，也需要先进的技术为其赋能。

目前，在国家相关政策的支持以及社会机构、相关企业、学校的共同努力下，我国的教育改革取得了一定的成绩，但也存在一些问题，例如，教育发展失衡、人才培养模式不完善、创新型人才缺失等。为解决这些问题，在国家积极倡导教育信息化 2.0 的时代背景下，将 5G、大数据、语音识别、图像识别、深度学习、人机交互等技术与教育行业融合，这样能够不断深化教育改革，实现从"工业化教育"向"智慧化教育"的转型升级。

教育信息化是国家信息化的重要组成部分，将带来学习方式和教育模式的重大变革，其基本特征是开放、共享、交互、协作、泛在。提高教育质量和效益是培养创新人才、实现教育跨越式发展的重要手段。但需要注意的是，科技只是辅助手段，教育有其自身的规律。

首先，重塑未来教育新图景必须回归教育以心育心的本质。教育作为一种人与人之间精神交互的活动，既是教育者以被教育者为对象，唤醒其意识、提升其能力的过程，也是被教育者以自我为主体实现自主发展的过程。在教育的具体实践中，由于各个学校、学科、教师以及学生都有自己的特点，仅依靠技术难以满足教育的个性化需求。而且，由于我国大数据、5G、AI 等新兴技术还处于发展阶段，完成复杂的教育任务还有很长的路要走。不过，随着 AI 等技术在教学与评价领域中的应用，曾经以传授知识为主的教学工作将由教学机器承担，教师将拥有更多的时间与学生进行交流互动，这样可以深入了解每一位学生，回归教育以心育心的本质，充分发挥教师的不可替代性。

其次，重塑未来教育新图景要注重培养学生正确的价值观。教育的功能很多，既可以传授知识和技能，也可以培养良好的行为习惯和道德标准，而教育的首要任务之一就是培养学生正确的价值观。价值观是基于一定的思维感官而做出的认知、理解、判断或抉择。不管哪个阶段的教育，都应该注重培养学生正确的价值观。

再次，重塑未来教育新图景需要培养学生的智慧和学习能力。教育的最终目的是让学生拥有自主学习的能力。但在传统的教育模式中，学生对教师有比较强的依赖性。随着 AI、机器学习等现代信息技术的广泛应用，借助丰富的在线教育资源、智能化的诊断与推送，每个学生都能根据自己的学习情况开展个性化学习，真正实现自主学习。而且，在智慧教育所打造的场景中，学生的学习活动将突破时空限制，可以随时随地在线学习。学校则可以组织更多的社会实践活动，丰富学生的校园生活与学习体验，鼓励学生自主学习，让学生真正成为学习的主导者。

最后，重塑未来教育新图景需要提倡学生的个性化教育。2010 年，我国发布《国家中长期教育改革和发展规划纲要（2010—2020 年）》，提出"关注学生不同特点和个性差异，发展每一个学生的优势潜能"，倡导学校为学生提供"适合的教育"，鼓励学生实现个性化发展。与工业化时代培养标准化人才不同，在人工智能时代，适应社会发展的人才应该具备创新精神和创造能力。只有不断调整教育理念与教育方式，才能培养出具有创新性的人才，满足未来信息化与知识化社会对人才的需求。个性化教育的实施不仅可以促进教育改革，还能贯彻落实以人为本的科学发展观，让个体实现更好的发展。如果学校可以利用 AI 技术帮助学生实现个性化学习，将有效提高学生在未来的竞争力。

技术赋能使教育的发展速度比曾经任何时候都快。智慧教育作为信息技术赋能的新型教育范式，将重塑未来教育新图景。作为教育变革的未来走向，智慧教育的发展只有进行时，没有完成时。其实质是通过先进技术与教育的融合，构建智慧化、生态化的教育环境，让教师更好地教、学生更好地学，培养具有正确的价值观、良好的心理素质、优秀的学习能力和无限发展潜力的综合型人才。

当下，智慧教育的相关理论已经逐渐完善，而且智慧教育已经应用到学校等教育机构，但在具体的应用过程中也需要预防变革可能带来的风险。5G、AI、大数据等技术给智慧教育注入了强大的生命力，但应该明确这些技术并不是为教育行业量身打造的。未来的教育发展既需要先进技术的赋能，也需要教育理念的引导。

以智慧教育为取向的未来教育已经到来。我们立足于多年来在教育行业的深耕，解读了技术赋能的智慧教育，希望能给教育领域的同人提供一些参考。